JN044420

# 日本の手話いろいろ②

イラストで見る全国各地の手話

一般社団法人 全国手話通訳問題研究会【編】

文理閣

この本で楽しい
コミュニケーションを

　「日本の手話いろいろ②」は全国手話通訳問題研究会の研究誌『手話通訳問題研究』の第76号から第143号の17年間にわたって掲載してきた「日本の手話いろいろ〈全国各地の手話〉」をまとめています。既刊の「日本の手話いろいろ①」は名詞を中心にしたものですが、続刊である本書では、ろう者が日常のコミュニケーションの中で気持ち等を自然に表現している手話を中心に集めました。地域性もありますが全国的に使われているものもあるようです。

　2011年の東日本大震災の時、他県の手話通訳者が宮城県に支援に入りました。ここに掲載されている宮城県の手話を事前に研究誌で学習したことで、ろう者が表現した「危ない」という手話を読み取ることができ、よいコミュニケーションにつながったという話があります。「危ない」の手話は、地域のろう学校に理容科があり、顔をカミソリで剃る仕草から作られ、ろう者の生活の中で育まれたものです。

　このように、手話は地域で大事に育まれてきました。大切なことは、ろう者のことばである手話をあるがままに受け入れ、そのことばを使っていくことでしょう。

　近年は養成講座等で手話を学ぶ機会が多く、この本で紹介しているような地域性がある手話に触れる機会が少なくなっているかもしれません。地域のろう者と関わりながら手話を学び、この本を囲んで、豊かなコミュニケーションを展開してみませんか。

　研究誌に連載および本書を発行するにあたっては、各支部から手話の収集とイラスト作成等にご協力をいただきました。心より感謝申し上げます。

2020年3月30日
一般社団法人全国手話通訳問題研究会　研究誌部

# 日本の手話いろいろ②

──イラストで見る全国各地の手話──

もくじ

# 北海道

# 東　北

# 関　東

# 北信越

# 東　海

青森県の「多い」

岡山県の「多い」

熊本県の「多い」

# 北海道

札幌

札幌

イラスト：たけしまさよ

## 1 久しぶり

左右の人差し指で、それぞれ外側に向けて山の形をつくる。

例文
久しぶりだねぇ～。
前に会ったときはあ
んなに小さかったの
に…。

## 2 宝物、大事、大切

親指を立ててこぶしを握り、額に親指を押し付ける。

例文
私が飼ってる、ペッ
トよ。
宝物なの～。

## ③ 見切り発車

①親指と人差し指で輪をつくって、額の横に当てる。

②手を開きながら前に出す。

**例文**
十分な準備はまだ整ってないが、とにかく始めてしまおう！

**ワンポイント**
口形は「ピ」。

## ④ お金がない

人差し指と中指で、挟むようにして首に当てる。

**例文**
今月もお金がないわね…。

## ⑤ 狭い、きつい

右手の指先をあごに当て、軽く左右に動かす。

**例文**
土産を買ってきたんだが、君にはちょっと、きつかったようだね…。

11

## 6 ぼんやり、ボケ

①右手で指文字の「レ」を
つくり、親指を額の横に
付ける。

②親指を額の横に付けたまま
人差し指を、手首を捻るよ
うにして後方に動かす。

## 7 田舎・村

手のひらを下に向けた左手に、下から右手人差し指を付け、右手の指をひ
らひらと揺らす。

## 8 日本

指文字「モ」の指先を頬に付け、親指と人差し指をはじきながら前に出す。

## ⑨ 協会

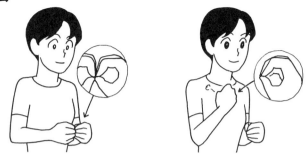

すぼめた両手の指先を付け、左手を残したまま、右手だけ形はそのままで指先を胸の辺りに当てる。

## ⑩ 12 ～ 15

後ろから見ると

12    13    14    15

# 東北

青森県

秋田県　岩手県

山形県　宮城県

福島県

青森県

イラスト：兵庫支部　前田 厚子

## 1 さびしい

左の手のひらに右手親指を立てたげんこつをのせて、ぐらつかせる（何をすればいいか分からない様を表すように、視線は落ち着かない）。

**例文**
「誰もいないなんて、さびしいなあ」

## 2 ずるい

指文字「メ」の表現をした右手を、あごに当てて下にずらす。

**例文**
自分が1万円で買った品物を、後から5千円で買った友人に対して「ずるい!」。

遊ぶ

例文
「遊ぼうよ！」

両手を交互に手のひらを向かい合わせて円を描く。

4 しゃっこい（寒い、冷たい）

例文
「水がしゃっこい！」

（冷たいものに触って、思わず手を引っこめる様子）

5 早く（速く）

例文
「出かけるよ、早くして！」

左手のひらに右手刀をたたきつけるように
（たたくスピードを遅くするとゆっくりの意味になる）。

## 6 できない

右手親指を立てたげんこつを２、３度上下させる
（アルミ製の弁当箱のふたが１度で閉まらない様子）。

**例文**
相手から尋ねられた
ときの返答に多く使
用する。
（通常の「できない」
と同様）。

## 7 多い

左手のひらをそろばんに見立て、右手で右側へはじく
（想像を超える数に驚き、口をあんぐりさせる様子）。

**例文**
「こんなに!?」

## 8 探す

**例文**
「財布がない！」
「どこ？」の意味で
使用する。

両手で交互に円を描く（ものを確認しながら探す様子）。

## ⑨ 悲しい

**例文**
亡くなった人を思い
出して「悲しい」。

顔は伏目がちに、右手刀を左胸から体の中心に向けてゆっ
くり下ろす（動きは手話表現〔仕方がない〕と似ている）。

## ⑩ 危ない

**例文**
子どもが転びそうに
なって「危ない！」
と心配したが、無事
だったときなどに使
う。

口を開けた状態で息を止めて、少しずつ息を吐きながら、
口元で右手指先を閉じたり開いたりする。

東
北

…青森県

# 岩手県

イラスト：たけしまさよ

## 1 うそ

手のひらを1、2度側頭部に当てる。

例文
A：「この間UFO見たよ〜？」
B：「え！　うそでしょ??」

## 2 ずるい

手のひらを上向きにしてこぶしを作り、
肘を曲げて肘を2度下へ下ろす。

例文
「ケーキこっそり食べたでしょ。ずるい！」

# ③ いそがしい

指を軽くまげて両手のひらを下に向け、
体の前で左から右へ、置くようにしながら何度か動かす。

例文
「あれも、これも、そ
れも、しなくちゃい
けない～！　いそが
しいよお」

# ④ まちがう

4指の指先を顔に向け、鼻の下辺りで何度か左右に動かす。

例文
A：「あの～、○○さ
　んですか？」
B：「え？　僕ですか？」
A：「あ！　すみませ
　ん…。間違えまし
　た！」

# ⑤ じゃま

4指を握り親指を額におき、手を下に下ろす。

例文
「そのしっぽ、じゃま
なんだけど…」

# 6 ～してしまった

4指を握り、親指を肩越しに後ろへ動かす。

例文
A:「あっ！ バスが！」
B:「もう行っちゃたよ。
あれが最終だったんだけど…」

表情
口形は「パ」。

---

# 7 まだ

指文字「ケ」を横に向け、そこから「a」を
描くように動かして、手のひらを前に向ける。

例文
A:「君、外国に行っ
たことある？」
B:「ううん。まだ一
度もない」

---

# 8 な～んだ

4指を握り親指を額に当てる。

例文
A:「どこを探しても
メガネがないのよ」
B:「おばあちゃん、
頭のとこにあるで
しょ」
A:「な～んだ、ここ
にあったのね」

# ⑨ おおげさ

①左手の甲の上に、上向け
　にした右手（手話〔7〕）
　をおく。

②右手をひっくり返す。

**例文**
「君の話はいつも大
げさだなぁ」

# ⑩ そうだったんだ

手の甲を前に向けて、側頭部に当てる。

**例文**
A：「パーティーって
　　いうから着飾って
　　きたのに…」
B：「だって招待状に
　　『平服で』って書い
　　てあったでしょ」
A：「そうだったんだ
　　…」

# 宮城県

イラスト：宮城県　宮澤 円

## 1 危ない

人差し指の指先で、右頬を上から下になでる。

**例文**
「道路に飛び出して
は、危ないよ」

## 2 うれしい（しめしめ）

親指と人差し指で、小鼻をつまむ。

**例文**
お小遣いをもらって
「うれしい」。

## ③ おしゃれ

例文
いくつになってもおしゃれでいたい。

東北 … 宮城県

胸に両手を当て、着物の襟元を整えるように押し上げる。

## ④ クラブ

例文
「水曜日の5時間目は、クラブ活動の時間です」

手話表現〔まちまち〕と同じ。

## ⑤ 準備（用意）

例文
遠足の準備をする。

そろえた人差し指と中指の先で、こめかみを2回たたく。

## 6 つまらない

人差し指を目の下に当て、小刻みに首を振る。

**例文**
楽しみにしていた映画だったのに、つまらなかった。

## 7 独身

まげた左腕の上を、右手のひらで払う。

**例文**
独身なので、伯母に見合いを勧められる。

## 8 貧乏

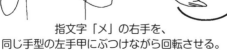

指文字「メ」の右手を、
同じ手型の左手甲にぶつけながら回転させる。

**例文**
おじいさんとおばあさんは、貧しくても仲良く暮らしていました。

# ⑨ 文化

手話表現〔文〕のあと、
5指をそろえてひねりながら上に跳ね上げる。

例文
市民文化祭に絵を出展した。

# ⑩ 間違い（自分が間違えたとき）

指文字「コ」をつくり指先を顔に向け、目の前で左右に振る。

例文
「あ、間違えた」
（自分が間違えたと
きに使う）

27

# 秋田県

イラスト：秋田支部　佐藤 春菜

## 1 おしゃれ

指文字「ト」の2指の腹側で、
鼻をなでて少し前に出すのを2回する。

例文
彼女はおしゃれだ。

ワンポイント
鼻おしろいを付ける
しぐさ。

## 2 春

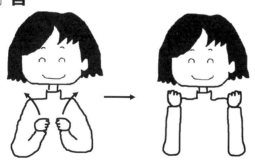

着ている服を脱ぐように、両手こぶしを胸元から左右に開
く。

例文
「もうすぐ春ですね」

ワンポイント
上着を脱ぐ様子。

語源
冬から春になり暖か
くなってきたので上
着（コート）を1枚
脱ぐ様子。

## ③ 秋

服を着るように、左右に開いた両手こぶしを胸元に寄せる。

**例文**
実りの秋。あきたこまちの新米はやっぱり美味しい！

**ワンポイント**
上着をはおる様子。

**語源**
夏から秋になり肌寒くなってきたので、上着を1枚着る様子。

## ④ 駅

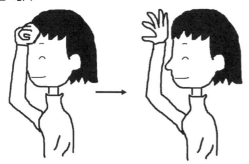

額に当てたこぶしを開きながら少し前に出す。

**例文**
秋田駅西口で待ち合わせしよう。

**語源**
列車のヘッドライト。

## ⑤ 間違えた

指文字「メ」を胸の前で左右に少し揺らす。

**例文**
「ごめん、ごめん、間違えちゃった」
（秋田弁では「あっ、さいさい」）

**ワンポイント**
口形は「オ」。自分が間違ったときのみ使用。他人が間違ったときは使わない。

## 6 半信半疑

左手をあごに当てて（手話表現〔本当〕）、
同時に右手を額に当てる（手のひらが見えるように）。

**例文**
A：「彼女、宝くじが
　　当たったんだっ
　　て」
B：「えーっ！　うっ
　　そー！　ほんと?!」

**ワンポイント**
どっちかなぁ…とい
う表情。

## 7 助平

握りこぶし（「グー」の形）であごを2回こする。

**例文**
彼は助平だ。

## 8 高校

全指を曲げた右手であごを2回触る。

**例文**
高校生の娘はアイド
ルに憧れている。

**ワンポイント**
髭がチクチク。

**語源**
高校生くらいになる
と髭が生えてくる様
子。

## ⑨ 怠ける

左手の甲を右手で2回たたく。

**例文**
彼はいつも怠けてばかりだ。

東
北
　　　…秋田県

## ⑩ ずるい

右手の2指で輪を作り、輪の先で立てた左腕を2回こする。

**例文**
大人はズルイ。

**ワンポイント**
腕の手首付近から肘方向へたたきつけるような感じで素早くこする。

**語源**
お金を袖の下に入れる様子。

# 山形県

イラスト：たけしまさよ
山形支部　吉田 優香

## ① ～ができる

手のひらを上に向け、閉じながら下に下げる。

**例文**
「外、大雨だけど行けるの？」

**ポイント**
一般的な手話表現〔できる〕（右手を左胸から右胸へあてる）は、この意味ではほとんど使わないそうです。

## ② 教える

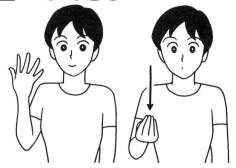

手のひらを上に向け口元に持っていき、「フゥー」と言いながら前に何度か動かす。

**例文**
A：「う～ん。操作が分からん」
B：「あらあら。簡単ですよ。ここをこうして…」

**由来**
口伝えで教える動きから、この手話になった。

## ③ 間違い

人差し指と中指をあごの下に付け、そのまま前にはね出す。

**例文**
「君、それは間違ってるよ」

## ④ 間違えた

軽く開いた手のひらを、口元の前で何度か揺らす。

**例文**
A:「あれ？ なんで君、上靴のままなの??」
B:「あ! 間違えた…」

## ⑤ 痛い

痛い場所に左手を置く。
右手は人差し指と中指を小鼻の脇に勢いよく止める。

**例文**
「お腹痛い…。食べ過ぎたかなぁ…。何が原因だろう…」

## 6 どうやったの？

親指を立てて、口元の辺りに軽く付ける。

例文
「こんな小さな鶴、ど
うやって折ったの!?」

## 7 お手上げ、かなわない

①親指を立てた右手を、身
体の横で上に上げ、止め
る。

②親指を立てた右手を、身
体の横で上に上げる。

例文
① 「積極的に発言す
ると、発表者に指
名されちゃうだ
ろ。そしたら困る
し黙っているよ」
② 「友だちと飲みに
行く約束をしたの
に、残業頼まれ
ちゃったよ…」

## 8 スゴイ！

①軽く握ったこぶしの状態
で、手の親指と人差し指
を手前に向ける。

②勢いよく弾くように、親
指と人差し指を手前に
開く。

例文
「この歴史的な建物
はスゴイなぁ…」

# 9 予備

親指を立てて、あごに軽く当てる。

**例文**
「タイヤがパンクしちゃったけど、予備のタイヤがあるから大丈夫だもんね」

# 10 山形

手のひらを下に向け、あごに当てる。

**由来**
山形県の形が人の横顔に見えるため、その雰囲気を表したものではないか…という説がある。

# 11 できない

手のひらを右から左に払う。

**例文**
「私、縦列駐車ができないなあ」

**ワンポイント**
口形は「ホワ〜」。苦手な表情、どうしてもできない表情。

35

## 12 かんべんして

体の前に親指を立て、前方に出し、上に上げる。

**例文**
「あんなボロボロで傾きかけた家に行くなんて、かんべんして～」

**ワンポイント**
親指を上に上げるときに「パッ」の口形。「まいった～」や、「ゆるして～」などの心境を表したもの。

## 13 バカ

指文字「ロ」の形のまま、こめかみから前に突き出す。

**例文**
「大雪でこんなに寒いのに、ランニング姿なんてバカじゃないの」

**ワンポイント**
口形は「バカ」。意地悪な表情。目線は「バカ」と思う相手に向ける。

## 14 分からない

指文字「タ」の親指を下唇に2回付ける。

**例文**
「この本難しいな、いくら読んでも分からない」

**ワンポイント**
口形は「ピピ」。苦手な表情、どうしても分からない表情。

**語源**
昔、ろう学校で先生が「分かりますか」と唇につけて言ったことに対して、反対の意味で（分かるの反対だから分からない）。

## 15 あんまりだ～

指文字「ノ」をすばやく動かす。

**例文**
飲み会に夫を迎えに行ったら、目の前で別の女の人の車に乗って行ってしまった。「あんまりだ～」

**ワンポイント**
口形は「ポッ」。困ったような表情、驚いたような表情。

## 16 すっかり忘れた

人差し指で片眉の少し上をなぞる。

**例文**
「今晩会議があることをすっかり忘れていた」

**ワンポイント**
口形は「へ～」。舌を出しながら、忘れたの表情。ど忘れした、頭になかった等の状態を表したもの。

## 17 待ちきれない

指文字「テ」の手のひらを顔に向け、指先をあごに何度か当てる。

**例文**
「バスがなかなか来ない。ん～待ちきれない」

**ワンポイント**
口形は「イ～」。イライラしている表情。

## 18 まあ、いいや

指文字「タ」の形で、指先を小鼻に当て斜め下に下げる。

**例文**
「会う約束を忘れちゃった。けどまあ、いいや」

**ワンポイント**
口形は「ン、パッ」。どうでもいいという表情。

## 19 わがまま

指文字「タ」の形で、あごの下から前方に2〜3回出す。

**例文**
「結婚の理想、高いのね〜。わがままだなあ〜」

**ワンポイント**
口形は「ワガママ」。

## 20 のろい（遅い）

軽く曲げた人差し指で、前方の机を数回たたくように動かす。

**例文**
「歩くの、のろいなあ〜」

**ワンポイント**
口形は「ピピピッ」。

# 福島県

イラスト：たけしまさよ
福島支部　渡辺 ひろみ

## ① 根性

お腹の前に手を置き、手をグッグッと２回下ろす。

例文
A：「山頂まであと
　　うちょっとだ！」
B：「根性だ！　頑張
　　れ！」

## ② ずっと続ける

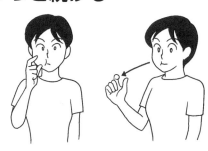

人差し指と親指を軽く曲げ、他の３指を軽く握る。
人差し指を頬に付け、手首を返さず、そのまま前に出す。

例文
「１年ずっと休まず
に参加してるよ。す
ごいね」

表情
片側だけ頬を膨らま
せる。

## ③ まいった（すごい）

手のひらを後ろに向け、
バクバクと閉じながら腕を後ろに動かす。

**例文**
「もう飲めないよ…。
まいった！」

**表情**
身体をのけぞらせな
がら表現する。

## ④ 強い・すごい

手を軽く開き、4指を頬に付け、
手を返さずそのまま力強く前に出す。

**例文**
「今日はすごく雨が
降ってくるなあ」

**表情**
口形は「ポ」。

## ⑤ びっくりする
☆同じ手話で表情を変えると意味が変わるという表現です。

①　　②　

4指を握り、親指をあごの下に付ける
（手話表現〔足りない〕）。

**例文**
①「これ、こんなに高い
の！」
②「これ、安すぎる。偽物
じゃない？」
**表情**
①高すぎる
　身体をのけぞらせなが
　ら、あごを上げ、口形
　「ホ」をつける。
②安すぎる
　身体を前に少し傾け、
　口形「エ」をつける。

# 6 これだけ？

人差し指と中指をそろえて、 正面から見ると。
鼻の下に軽く付ける。

東北 …福島県

**例文**
（大会で表彰されて賞品に期待していたのに）「たったこれだけなの？」

**表情**
がっかりした、落胆の表情で。口形「ピ」。

---

# 7 でたらめ

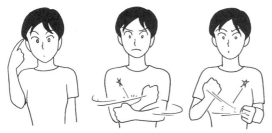

①人差し指で頭を指差す（手話表現〔思う〕）。

②腕を左右に振って、こぶしをすり合わせる（手話表現〔労働〕）。

**例文**
「前に聞いていた話しと違うじゃない。また、でたらめ言って」

---

# 8 不明

左手を軽く開き、少し曲げた右手の人差し指で、ポンッとはじく。

**例文**
「あれ。ここに置いたはずなのになあ。鍵がないぞ」

# 9 ベテラン

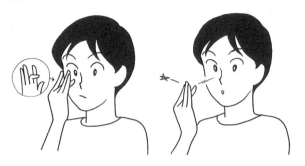

**例文**
A：「○○さん、上手
　　だね」
B：「そりゃそうだよ。
　　ベテランだもの」

手を軽く開き、中指だけをまげて目の下に付け、前に出す。

# 10 調子が悪い・変だ

**例文**
「どうしたんだろう。
今日は車の調子がお
かしいなぁ」

左手の手のひらを下にして身体の前におき、
右手の甲で（手のひらを上にして）左手の甲辺りをこする。

# 11 怖い

**例文**
嫌いな人、苦手な人
がいる！（ 怖い）

**ワンポイント**
・体を少し反らす。
・口形は「ホー」。

指文字「メ」を吸うように（口をすぼめながら）頬に付ける。

# 怖い (若者バージョン)

肩の前で右人差し指を後ろ向きに2回倒す。

**例文**
こんどのバッターは
強い！（怖い）

**ワンポイント**
口形「ピッ　ピッ」。

---

# ⑫ 鋭い

目の下に曲げた右人差し指を当て、反転させながら倒す。

**例文**
他の人は気づかな
かったのに、あなた
だけが気づいた。（鋭
い！）

＊相手に対して使
う。

---

# ⑬ どうしてもできない

右手5指を上に向けて折りまげ、
下へ2回下げる。手話表現〔固い〕。

**例文**
パソコンをつなぐこ
とができない。

**ワンポイント**
口形「ガッ　ガッ」。

## 14 くやしい

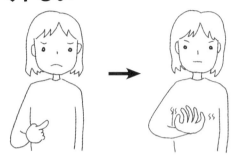

胃を指して、手話表現〔痛い〕（5指を折りまげ、
指を上に向けた右手を振るわせる）を小さく表す。

**例文**
列に並んでいたら、
前の人で切られてし
まった（くやしい）。

**ワンポイント**
・悔しい、怒りで胃
　が痛むような感
　じ。
・口をとじる（結ぶ）。

## 15 自動　便利　速い

指文字「コ」の指先を鼻の下に2回当てる。

**例文**
目的地まで裏道を
行ったら速く着い
た。
＊前もって準備した
　り調べることで、
　速い、便利。

**ワンポイント**
口形「ホッ　ホッ」。

## 16 手動　不便　面倒

人差し指と中指の腹を、こめかみに1回当てる。

**例文**
・手作業で印刷する
　のは面倒だが、機
　械でやれば、自動
　で速い。
・マニュアル車は不
　便だけれど、オー
　トマ車は便利。

**ワンポイント**
口形「ピー」。

## 17 驚いた

 ①  ②

①5指をすぼめ、胸脇で、指を離しながら下に2回振る。
②親指と人差し指で円をつくり、下向きに2回振る。

**例文**
・歩いていたら突然、ぶつかるかと思うくらいすれすれに車が通って行った。驚いた！
・夢中になって何かをしていたら、突然うしろから肩をたたかれた。驚いた！

**ワンポイント**
口形「オウ」。

## 18 なんで A

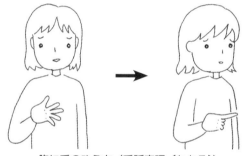

胸に手のひらを（手話表現〔わかる〕）
強く1回たたいて相手を指す。

**例文**
欠席と言っていたのに、なぜいるの！
＊相手が言ったことと違う行動をしたときに使う。

**ワンポイント**
わからないという気持ち。

表情　えっ？
口形「ピッ」。

## 19 なんで B

あごを
つきだして

あごをつきだしながら、両手人差し指どうしを2回当てる。

＊予定していないことが起きたときに使う。
＊疑問の気持ちが強い。

**ワンポイント**
口形「ピッ　ピッ」。

# 20 くいしんぼ　放題

右こぶしをあごの下に2回付ける。

## 福島のろうあ者ネーミングの「ろうあ語」について

　ろうあ者がネーミングした「ろうあ語」（生活の中で、何気なく自然に使われ、気持ち等を表している手話）を学習・収集した単語を、福島県聴覚障害者協会手話対策部の協力を得て、選択しました。使い方、例文はいく通りもあり、すべてを掲げることはできません。生活の数だけあります。

　全国の交流が盛んになり、福島だけの手話といえないものもありますが、福島のろうあ者が生活の中で使っているものなので……福島の手話です。（福島県手話通訳問題研究会）

# 関　東

群馬県

栃木県

茨城県

山梨県

千葉県

# 茨城県

イラスト：茨城支部　座間 順子

## ① 古い、ボロボロ

指文字「メ」の手型で、指先を頬に付けて振る。

**例文**
「私のいたろう学校の校舎はとても古びていた（ぼろかった）」

**ワンポイント**
口形は「ボ（ロ）」。

## ② なかなか

前方に向けた左手のひらに伸ばした右手指先がくっ付くぐらい近づけて、上下に強く振る（手話表現〔まだ〕の動きを強調したもの）。

**例文**
なかなか鍵が開かない。

**ワンポイント**
「まだ」の場合、右手には力を入れないが、この場合は、上下に振る右手に「張り」を持たせるように力を入れて振る。

48

## ③ すごい

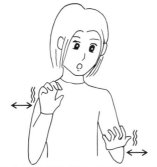

両手ともに指文字「エ」を表し、左右に振る。

## ④ ずっと〜してない

こぶしを作った右手のひら側をあごに2回ぶつける。
口形は「ン」（頬をふくらませて）。

**例文**
「あなたずっとお風呂に入ってないでしょ、くさ〜い！」

「車のバッテリーが上がってしまって…。最近は電車やバスばかりで、ずっと車に乗ってなかったからなぁ」

## ⑤ 恥ずかしい

肩をすぼめながら、頬（小鼻のすぐそば）を人差し指でかく。

**例文**
「あこがれのA君に話しかけられて、恥ずかしくて何も言えなかったの」

**ワンポイント**
「恥をかく」という意味ではない。
女性が使うことが多い。

## 6 ずるい

手話表現〔新聞〕を表し、下になったほうの手（こぶし）でもう一方の肘を2、3回たたく。

**例文**
「記念誌への広告掲載を頼みに行ったときに、会社の景品をもらったんだって」
「ずる〜い」

**ワンポイント**
肘をたたく右手は「お金」の手話で表す場合もある。

## 7 自分で

親指と人差し指で「C」の手型をつくり、親指の爪側を鼻に付ける。

**例文**
「お弁当ちょっと分けてくれる？」
「何言ってるの、自分で買ってらっしゃいよ！」

**ワンポイント**
「自分で〜する（やる）」という使い方をする。

## 8 間違えました

親指をあごに付けたまま、頭を下げる（口形は「ハイ」）。

**例文**
「間違えました。スミマセン…」

## ⑨ でっかい

頭をかくような手型をして、
そのままうなずく（指は動かさない）。

**例文**
「富士山、間近に見るとホントにでっかいなぁ〜！」

**ワンポイント**
驚いた表情で表す。「すごいな！」というニュアンスを伴っている。

## ⑩ ちっちゃい（大したことない）

親指をあごに付け、4指を伸ばして手話表現〔なるほど〕の動きをする（舌を出す）。

**例文**
「A君がすごくでっかい魚を釣ったんだって」
「ちっちゃかったよ。全然大したことなかった」

**ワンポイント**
「大したことはない。思ったほどでもない」というニュアンスで使う。相手をちょっとバカにしたような表情で用いられる。

# 栃木県

イラスト：たけしまさよ
栃木県　宮 ひかる

## ① 早くしちゃおう！

左手の人差し指と親指で輪をつくり、
輪の横を右手人差し指で早く何回もたたく。

## ② 早く〜したい！　待ち遠しい

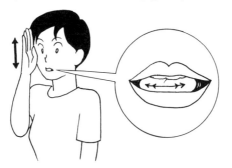

指文字「ケ」をこめかみの辺りで上下に動かす。

## ③ ぬれぎぬだ！

関東

…栃木県

例文
「この花瓶壊したの
お前だろう？」
「そんなのぬれぎぬ
だ！ 俺じゃない！」

① 指文字「メ」を反対の手
にこすり合わせる。

② こすり合わせると同時に
右手を開き、両手をクロ
スさせる。

## ④ なんでもできる　準備万端

※なんでもできる…なんでも載っている本…ということか
ら、この表現で『辞書』の意味もあるそうです。

例文
「勉強もスポーツも
…彼はなんでもでき
る人です」

鼻のところで片手を軽く握り、2・3回指先をはじく。

## ⑤ 嫌だな

例文
「あの人の服装…ハ
デすぎ。嫌だなあ」

額の辺りで手のひらをヒラヒラさせる。

## 6 まじめ・正直

顔の正面で片手を立てて、まっすぐ前に出す。

**例文**
結婚式の二次会なんだから、ラフな服装でいいのに、あの人だけ正装だわ！

## 7 知っているはず　おかしい

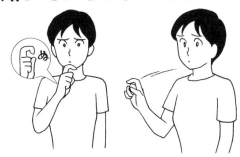

あごに指文字「ヌ」を当て、すばやく強く、人差し指が相手に向くように前に突き出す。

**例文**
「これ知ってる？」
「知らない」
「前に話したのに！知っているはずだ！（おかしい）」
「洋服のセンスが合わない」

**表情**
厳しい表情で。

## 8 話がわからない　ちんぷんかんぷん

両手の親指と中指で輪をつくり、繰り返しはじく。
（その後、相手を指差しする）

**例文**
「いつも聞いているが、あの人の話はわからない」

## ⑨ 目立つ

関

東

…栃木県

**例文**
「どこにいても彼女
は目立つなあ」

目のところから、指文字「エ」を、前に向けて出す。

## ⑩ ふと思いついた

**例文**
「あ！　そうだ。今
思い出した」

つまんだ５指を少し頭を下げながら鼻の頭に付ける。

## ⑪ 興味津々で見て回る

**例文**
友だちの家に行った
ときに、家の中をジ
ロジロ見ていたら注
意された。

**ワンポイント**
泥棒が物色する様
子。

人差し指を眉間に押し当て、ねじるように手首を動かす。

## 12 も～らい。もらっちゃった！

両手人差し指を、下から上へ素早く上げる。

## 13 適当にやっちゃった

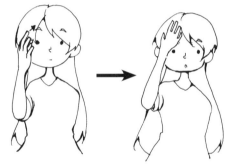

指文字「メ」をパッと開きながら、こめかみ辺りを打つ。

## 14 せっかく（してあげたのに）

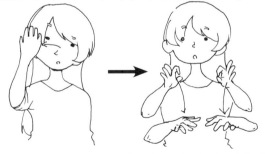

顔の前で手のひらを鼻から上に素早く上げる（のけ反る）＋
手話表現〔損〕。

## 15 上手くできてるな・上手くのせられた

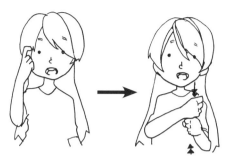

手話表現〔思う〕＋手話表現〔つくる〕。

## 16 肩すかしをくった

開いた手のひらで鼻・口のところを左から右へかすめる。

例文
友人と話をしていた
ら、その人は別の人
と話し始めてしまっ
た。「失礼しちゃう！
ふん！」

## 17 たったこれっぽっちなの

おでこに4指人差し指側を打ち付ける（敬礼に似ている）。

例文
「メニュー見て注文
したのに、きた料理
がこれっぽっち‼」

## 18 見落とした

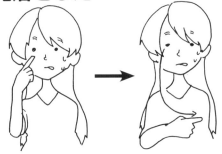

右手人差し指で右目を指差したあと、
指文字「ノ」の動きをする。

例文
A :「メガネ、メガネ
　　は?」
B :「頭の上にあるで
　　しょう」
A :「あ〜なんだ!」

## 19 とっても寒い

両手人差し指、中指、薬指の3指を上下に向い合せて、
上方の3指を前方に突き出す。

例文
かき氷を食べたら
ビックリするくらい
寒くて、頭がキーン
とした。

## 20 こんちくしょう

胸の辺りで片手を強く握る(表情はきつく)。

ワンポイント
握り方は上向き、下
向きどちらでもよ
い。

# 群馬県

イラスト：たけしまさよ

## 1 わざと

こめかみの辺りに、指文字「メ」の形を当てると同時に、
手のひらを開く。

例文
ウケをねらうために、
わざとこけた。

## 2 もれそう

手の甲を外に向け、指先をあごに数回付ける。

例文
「トイレどこ～？ 我
慢できない！」

## ③ なかなか

指文字「モ」の指先を、こめかみの
上辺りから3回くらい上下させる。

例文
なかなか料理ができ
あがらない…。

## ④ なーんだ

指文字「夕」の親指の付け根辺りを、
額の真ん中辺りに軽くぶつける。

例文
あの問題、難しかっ
たなぁ。(解答集を
見て)なーんだ、こ
れが答えだったの
かぁ。

## ⑤ うそだよー

手話表現〔思う〕の後、その位置で手のひらを返す。

例文
A:「あの二人、付き
　あってるんだっ
　て!」
B:「え〜っ!　ほん
　と?」
A:「うそだよー」

## 6 だまされる

人差し指で、こめかみ辺りを2回くらいなでる。

## 7 あっという間に

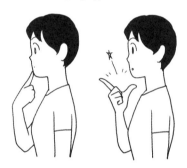

人差し指の腹をあごに付け、胸の前辺りで親指とはじく。

## 8 信じる

両手のこぶしを握り、胸の前で交差させる。

## 9 満足

例文
A:「ご飯、美味しく
　なかったのよね
　…」
B:「い、いや。量が
　たっぷりあったか
　ら満足だよ」

人差し指の腹で、あごを2回くらい下にこする。

## 10 つまらない

例文
「僕はこのテレビ番
組つまらないんだけ
ど…」

手の甲を外に向け、中指を鼻の頭に2回くらい付ける。

千葉県

イラスト：兵庫支部　前田 厚子

## 1 すごい

指文字「メ」をつくり、3指を伸ばしたまま目の前で数回振る。

例文
「デフリンピックに出るんだって、すごいね」

## 2 速い

片手の5指を曲げたまま胸を2回たたく。

例文
「今は私、徒競走は速いのよ」
朝早く来た人にも使う。
「早いね！」

ワンポイント
早いという意味にも使う。

## ③ 遅い

例文
「子どもの頃走るの
が遅かった」

片方の手のひらの上で、他方の手で指文字の「ム」をつく
り2回たたく。

---

## ④ ビリ

例文
「いつも徒競走では
ビリだった」

両手の親指を突き合わせ、片方の親指を勢いよく下方に
下ろす。

---

## ⑤ なぜ？

例文
突然しかられ、その
理由がわからないと
きなどに使う。

指文字の「ヌ」をつくり、あごに2回当てる。

## ⑥ 練習

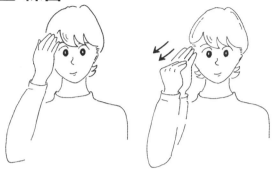

片手をこめかみに当て2回なでる。

**語源**
まだ汗の流し方が足りないということから。

## ⑦ 時代

開いた両手を向かい合わせ、交互に回す。

**例文**
「中学時代たくさん夢があった」

## ⑧ 残念

5指を曲げ、鼻の前において数回たたく。

**ワンポイント**
顔の表情に注意。

## 9 一発

例文
「難しい試験に一発
で合格した」

人差し指を立て、他指を斜め前方に勢いよく広げる。

## 10 美しい

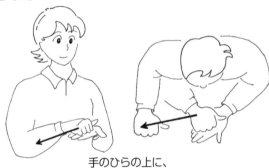

例文
「空が美しい」

手のひらの上に、
親指を出して握った手を乗せて、こするように前方に出す。

# 山梨県

イラスト：たけしまさよ
イラスト：『山梨の手話』より　編集：白壁 由里子

## 1 わきゃあねぇ（すぐ近く）

※「訳ない」からきている方言です。

あごの下でグーをつくり、人差し指だけをはじく。口は「プ」。

**例文**
「友だちの家はすぐ
近くだよ」

## 2 えらいもんずら（得意）

※「偉い者」からきている方言です。

両手をつまむように肩から前に弧を描くように下に下げる。

**例文**
「私、走るの速いんだ
よ」
「すっごく得意！」

**表情**
得意げな表情で。

67

## ③ やっちゃあいん（やっていない）

例文
「ご飯食べた？」
「まだまだ」

右手の手のひらを下に向け、あごに4指の背を数回当てる。

## ④ なんちゅうもんどおやれ（癖が悪い）

※「なんて人だ！」からきている方言です。

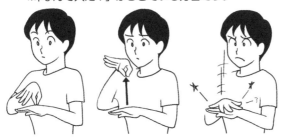

左手はパーにして体の前におき、
右手で左手の甲をつまむように上に上げ、左手をたたく。

例文
「また忘れてたの？
悪い癖だね」

## ⑤ まそっくり（似ている）

①両手パーで手のひらを上に向け、小指側をくっ付けずに
　そろえる。
②両手を前後互い違いに動かす。

例文
「この人お母さん？
そっくりだね」

# ⑥ しゃらうるせえ（くどい）

人差し指と親指で鼻をつまむ。

例文
「何度も言われな
くっても判ってる
よ！ くどい！」

# ⑦ 気をつけろっし（注意する）

人差し指と親指（他の3指はにぎる）であごを挟む。

例文
①襲われないように
気をつけてね。
②知ってると思うけ
ど、念のために確
認するね。

# ⑧ しょおんねえ（しょうがない）

おでこに指文字「メ」を表わし、前に出しながらはじく。

例文
「お金ないけど、これ
欲しいなあ。しょう
がない！ お金貸し
て」

## ⑨ どうしつらか（忘れた）

**例文**
（本を見ていて）「これ前にも見たなあ。なんだっけ？」

**注意**
手話表現〔にわとり〕とよく間違えられるそうです。

手はパーにして、おでこに親指を付けてひらひらさせる。

## ⑩ なんちゅうこんずら（かわいそう）

**例文**
「お父さん亡くなったんだってね。かわいそう」

指文字「ロ」を、目の辺りで少し前後に動かす。

## ⑪ 当たり前

**例文**
「上手くできたね」
「以前に経験しているから当たり前」

額に１度手のひらを当て、もう片方の手のひらを２回たたく。

## 12 忙しい

指先を折り曲げた両手を肩に乗せ、左右交互に揺らす。

**例文**
「協会の役員活動や
講習会の講師で忙し
い」

**ワンポイント**
あっちこっちから呼
ばれて引っ張られる
様子。

---

## 13 うまい（上手）

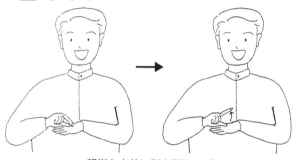

親指と人差し指を閉じた手を、
もう片方の手の甲に乗せ、パッと開く。

**例文**
「あの人は手話が上
手い！」

**ワンポイント**
頭の位置で開くと
「賢い」になる。

---

## 14 運動会

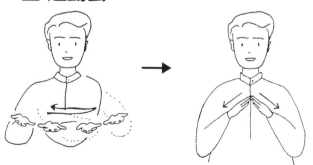

両手のひらを並べて、左右に振る。

**例文**
「今度の日曜日はろ
う学校の運動会だ」

**ワンポイント**
物を運ぶ様子。

## 15 お盆

両手ともに指文字「ホ」の手型にして、下向きに平行におく。

**例文**
「お盆にはお墓参り
に行く」

**ワンポイント**
供え物の馬と牛の足
のイメージ。

## 16 嫌い

親指と4指を閉じた手を脇に当て、
斜め前に出しながらパッと開く。

**例文**
「あの人は嫌いだ」

## 17 不思議

手のひらにもう片方の指先を当て、左右に小刻みに振る。

**例文**
「あれ？　連絡して
いないのに来てる。
不思議……どうして
分かったんだろう」

## 18 役場

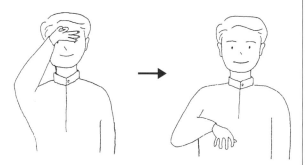

人差し指と親指でつくった輪を額に当てる＋手話表現〔場所〕。

関東

……山梨県

**例文**
「役場に手話通訳が
設置されて嬉しい」

## 19 恥ずかしい

手のひらをあごの下から上げる。

**例文**
「みんなに注目され
て、恥ずかしい」

**ワンポイント**
顔が赤くなるさま。

# 北信越

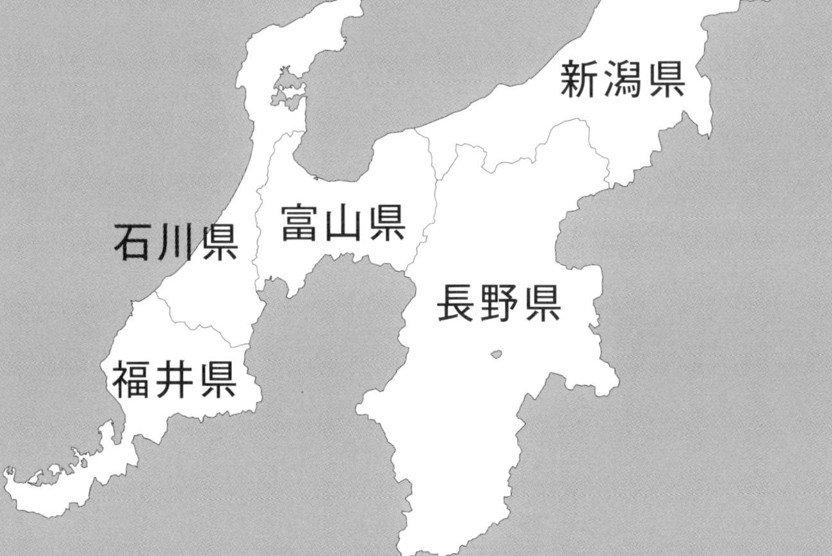

新潟県

石川県　富山県

長野県

福井県

新潟市と長岡市にろう学校があるので、母校や年代で手話に違いがあることもあります。

# 新潟県

イラスト：川本 浩
新潟支部　若月 聡美

## 1 (時間が決まってはないが) 遅い！

※約束の時間や時刻がない場合

手話表現〔待つ〕の形をつくり、あごにぶつけるようにし、口を開けて「ホッ」と短く息を吐く。手をあごにぶつけると同時に上体を下に動かす。顔は、イライラして「早くしろ」という表情。

**例文**
①病院の待合室で長く待たされているときに、「遅い！」
②将棋を指していて、相手がなかなか指してくれない。「遅い！」

**感情**
遅過ぎる。まだなのか！　イライラ。

## 2 (約束の時刻を過ぎてしまい) 遅い！

※約束の時間や時刻がある場合

手のひらを上にして5指を軽く折り曲げ、それをあごの下で内外に小刻みに少し動かす。口は結び、上下の唇の内側をふくらます。顔は、イライラして、とっくに来てもいいんだが「どうしたんだ」「変だ」という表情。

**例文**
待ち合わせていて、約束の時刻をかなり過ぎてもまだ来ない。「遅い！」

**感情**
遅過ぎる。まだなのか！　イライラ。

## ③ 見落とした！

口は「ホッ」と瞬間的に息を吐き出し（頬がふくらむ）ながら、人差し指を目の下に当て、当てると同時に、瞬きを1回する。顔は、驚いて意外な表情。

**例文**
① 今、○○さんが通っていったけど、見た？」「えっ！ほんと？　見なかった！（見落とした！）」
② 「醤油はどこにある？」「目の前にあるじゃないか」「えっ！　知らなかった（見落としていた）」

**感情**
見なかった、それは知らなかった。（意外や驚きの気持ち）

## ④ 告げ口する

※新潟聾学校出身の年輩の人が使っている。

立てた人差し指を、結んだ口に
当てるようにして、円状に2～3回動かす。

**例文**
① 「先輩に告げ口してやる」
② 「先生に告げ口するな」

**感情**
例文①②に応じた感情。

## 5 （どうやって○○したの？） 不思議だな⁉

指文字「ホ」の形を、口元から「ホ」と息を前方斜め下に押し出すように、動かす。顔は、驚きと不思議さが混じった表情。

### 例文
①家を教えてないのに、訪ねてきた。「どうやって、私の家を知ったの？　不思議だ⁉」と思ったときに使う。
②手品を見て、「どうしたらあんなのができるの、不思議だ⁉」と思ったときに使う。

### 感情
驚きと不思議さが混じった感情。

## 6 しっかりと覚えておく！

(a) 新潟

げんこつの小指側を2度頭にすばやく打ち付ける。顔は、口を結び〝しっかりと〟した強い表情。

(b) 長岡

(a) のげんこつの代わりに手のひらでする。動きと顔の表情は(a)と同じ。

(c) その他

手話表現〔覚える〕を力強い表現にし、顔の表情は (a) と同じ。

### 例文
①ある品物を見て、買いたいなと思ったけれど、持ち合わせのお金がなく、明日買いに来ようと思ったとき、その品物を見て手話表現〔覚えておこう！〕。
②ケンカ別れのとき、捨てぜりふの手話表現〔覚えておけ〕。

### 感情
単なる「覚えておく」ではなく、忘れないぞ、しっかりと覚えておこうという強い感情。

## 7 一括する（払う）

例文
高額の買い物をする
ときの一括払い、手
話表現〔一括、払う〕。

「最初」の手話表現は下から上への動きだが、その動きを、
胸元から前方の動きに換えたもの。

## 8 余裕がある

例文
① 「急がなくては」とせかされ
たとき、〔まだ余裕がある〕
という意味で使う。
②一緒に飲食して、「おまえい
くら持っている？」「10万円
持っているよ」〔お、余裕だな〕
というときに使う。
感情
①は大丈夫だよ、まだ余裕があ
るよという気持ち。
②は金持ちだな、と感心して、
驚いた気持ち。

手を左右に小さく動かす。上体はやや後ろに反り、
顔は「感情」の説明①②の意味に合わせた表情。

## 9 紛らわしい・微妙

例文
・友人宅を訪問した
とき、同じような
住宅が並んでい
「紛らわしい」。
・試験問題の選択肢
が似通っていて
「微妙だな」。

ワンポイント
判断できない困った
表情。

右手5指を立て、対象物に目をやりながら、顔の前で小指
から順に3指を折りまげる。（※新潟聾学校卒業生の手話）

## ⑩ 当然・必ずやる！

右手親指と人差し指を自然な状態（軽くまげる）にし、他の3指は軽く握る。それを顔の横で強く2回振る。

例文
「雨が降っても野球の試合はやるのか？」
「当然やるよ！」

ワンポイント
強い意志で表現する。

## ⑪ 要らない！

右手の5指でつまんだ物を、右斜めに投げ捨てるように払う。

例文
「そんなの要らない！」
（余計なことをするなという気持ちで）

ワンポイント
そんなの迷惑だ、と怒ったような感情。
（「必要ない」の強い言い方）

## ⑫ 言ってない・言った覚えがない

右手人差し指を口の位置から前方に出し、5指を強くパッと広げる（手話表現〔注文〕に似ているので注意）。

例文
「おまえ、言っただろう！」
「言った覚えがない！」

ワンポイント
知らないという感情。

## 13 手抜き

左手のひらに右手人差し指を素早く当てた後、右手5指を
広げ下ろす。

## 14 関係ない

両手の指先を下に向け、手をすくい上げると同時
に身体を軽く後ろへ反らし、指文字「ヤ」の形に
する。

例文
・勝手な独断行動をするヤツ
　には「協力しない!関係な
　い!」
・「今まで何度も協力したの
　に、一度もお礼の言葉が
　ないから、手伝うのや～めた」
・冗談で使う場合
　「君、もし飲み過ぎて、倒れ
　ても知らないよ!」

ワンポイント
冷淡な表情。

## 15 ○○のせいだ

相手に向けて、指文字「八」を斜め前方に、打ち
付けるように出す。

語源
・「大会で不手際がたくさん
　あったのは、○○の指導が
　悪かったからだ。○○のせ
　いだ!」
・「そんな説明は聞いていな
　い。説明をしなかったおま
　えの責任だ!」

ワンポイント
怒りの表情。

## 16 リベンジ・仕返し

左右の指文字「ヤ」をイラストのように合わせ、
強く下ろす。

例文
- 「あいつに仕返しをしてや
る！」
- 「あいつに勝ってやる！」
- 前回あのチームと試合をし
て負けて悔しい思いをした
から、「今度は絶対に勝って
やる！」

ワンポイント
勝ってやるという強い意志。

## 17 生意気

① 　② 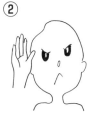　③

人差し指を右こめかみに当て、開いた手をやや上から、素
早く指先をすぼめながら下ろす。

例文
「おまえ、聴者に手
話を教えるのを自慢
しているようだけど、
生意気だぞ！」

ワンポイント
憤慨した表情。

## 18 すまん・ごめんね

右手で自分の頬を平手打ちする（手は頬に触れなくてよい）。
（※新潟聾学校卒業生の手話）

例文
「悪かった。すまん」

ワンポイント
申し訳ないという表
情。

# 長野県

イラスト：たけしまさよ

## 1 わざと

人差し指でこめかみを差して、
その手を前に向けて斜め下にはらう。

**例文**
ふざけて、わざと彼
がぶつかってきた。

## 2 発音がわるい

①人差し指でのどを指差す。　②左手でこぶしをつくり、そ
　　　　　　　　　　　　　　　の端に右手をそえて上下に
　　　　　　　　　　　　　　　動かす（3回以上）。

**例文**
発音がわるいから、
恥ずかしくてなかな
か声を出せない。

## ③ 他の人

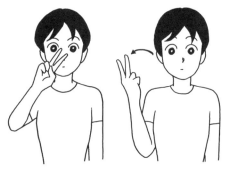

鼻の前で人差し指と中指をひっくり返しながら前に出す。

## ④ 負け

親指を立てて、そのまま下に下げる。

## ⑤ あこがれ

開いた手の中指でこめかみを４回たたく。

## 6 おかず

例文
お弁当のおかずを詰
める。

身体の前でこぶしにした両手の親指同士を付けて、外側から内側に向けて円を描く。

## 7 変わらない

例文
「おっ！ D51だ！
昔 と 変 わ ら な い
なぁ」

親指を立てて人差し指を曲げた形をつくり、人差し指を口に向けてあごの辺りから水平に前に出していく。

## 8 見たい

例文
「人が集まってるぞ。
何があるのかな？」

指文字「メ」の輪になった2指の指先を、目の下辺りで、付けたり離したりする。

## 9 なす

軽く握ったこぶしを太もも辺りに2、3回たたき付ける
(語源:なすをたたき付けて、柔らかくして食べたというこ
とから)。

## 10 分からない

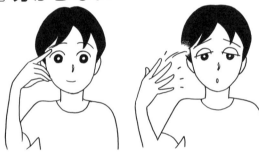

つまんだ右手の人差し指を頭に当て、離しながら5指をパッ
と開く。

# 富山県

イラスト：たけしまさよ
イラスト：和歌山支部　田中 三津子

## ① 国語

グーで2回たたく（手話表現〔マナー〕と同じ）。

**例文**
「今日の一時間目は
国語です」

## ② 僕のが （僕のもの）

手をパーにして、胸をポンポンと2回軽くたたく。

**例文**
「この帽子、誰の？」
「あ！ 僕の！」

**表情**
口形「ピ」をつける。

## 3 今のうち

①人差し指でこめかみ辺り
　を押さえる。

②体の横あたりで手を開き、
　両手をこすり合わせる。

例文
「ちょうど時間がある。今のうちにこの仕事をやってしまおう」

## 4 なんでけ？ 信じられんわ！
### （なんで？ 信じられない！）

①右手をグーにし、左あご
　を軽くたたく。

②①の手をそのままで動かし、
　右のあごを軽くたたく。

例文
「あれ？　1時間はかかるんじゃなかったの？　30分で来れたね。なんで??」

表情
「信じられない」という表情。少しビックリした感じで。
☆表情が大切。

## 5 ①か、私の席だぜ(ここは私の席だよ。)
## ②どこ行ったが？（どこ行ったの？）

軽く手を開き（指も軽く広げる）手のひらの根元
でこめかみ辺りをポンポンと軽くたたく。

例文
①指定席で、自分の座席に他の人が座っているとき。また、トイレなどで席を立ち戻ってくると、他の人が自分の席に座っているとき
「ここは私の席だけど」。
②「あれ？さっきまでいたのに…どこに行ったの？」
「あれ？私のかばん、ここに置いたはずなのにない！」

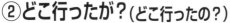

## 6 あっちゃあっちゃ（あるある）

軽く握った手をすばやく2回はじく。

**例文**
①「家にFAXある」
　「あるある（持ってる）」
②「あ！　先生が来た！」
（あまり良い意味では使わない）

**表情**
口形「ポ」をつける。

---

## 7 合わんわ（合わない）

①胸を真横になで、②握りこぶしで胸を軽くたたく。

**例文**
「今日の赤い服、君に似合わないよ！」

**表情**
口形「ペ」をつける。

---

## 8 あらかじめ　☆7の表現を腰の辺りでする。

①腰を上に向かってなで、②握りこぶしで腰を軽くたたく。

**例文**
「明日は旅行だから、前もって車を洗っておくね」

## 9 前にも言ったねか？（前にも言っただろう？）

軽く閉じたチョキで、手のひらは内に向けて、そろえたまま前に出す。

例文
「あなた！　今日は早く帰ってきてって、前にも言ったでしょう？」

表情
口形「ババ」をつける。

---

## 10 やばい！（あせる）

両手をグーにし重ね合わせ、左手は動かさず、右手を左右にこすり合わせる。

例文
「あなた！　今日は早く帰ってきてって、前にも言ったでしょう？」
「やばい！　忘れてた！」

表情
焦った表情で、体はのけぞらせた状態で表現する。

---

## 11 くやしい・うらみ

5指を折り曲げた右手の甲を、左頬に当てて軽く揺らす。

例文
「あの人に負けてくやしい！」

表情
眉間にしわを寄せて、にらむ様子。

## ⑫ 緑

左手の甲を右手で指先から手首に向かって２回なでる。

**例文**
「緑色のカエルを見つけた」

## ⑬ ほっぱつけ（ほったらかし・そのままにしておく）

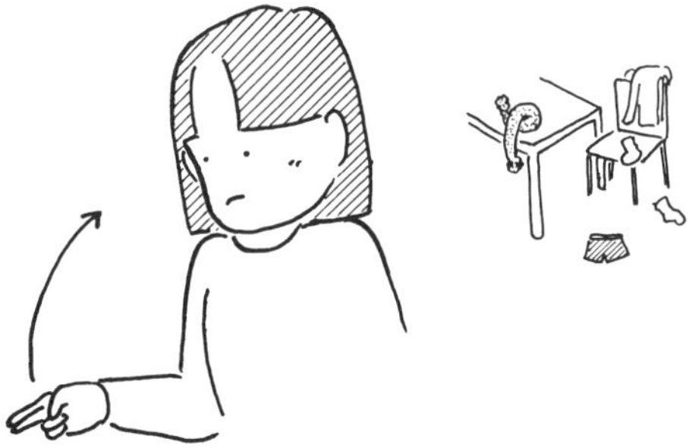

前に伸ばした右手２指を上にはねあげる。

**例文**
「そんなところに服をほっぱつけてぇ〜（ほったらかしにしてぇ〜）」

**表情**
口を一文字にし、気にせずへっちゃらな様子。

## ⑭ いたずら

手のひらを上に向けた右手２指を左肩に２回当てる。

**例文**
「あの人はいたずらばかりする」

## 15 動じない

例文
「あの人は失敗をしても動じない人だ」

甲を上に向けた右手2指を左肩に2回当てる。

## 16 まぐれ

例文
「問題に正解したのはまぐれだ」

表情
少し驚いた様子。

まげた右手人差し指を前に向けて、親指のつけ根を下あごに当てる。

## 17 役場

例文
「あの人は役場の人だ」

まげた両手人差し指の指先を2回重ね合わせる（あぐらをかく様）。

## 18 病院

**例文**
「風邪をひいて病院
へ行く」

人差し指で、おでこの前に十字を描く。

## 19 いじわる

**例文**
「あの人はいじわる
な人だ」

**表情**
怒った様子。

両手の親指を立て、胸で2回はじく。

## 20 思いがけないことを

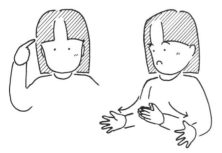

**例文**
「あの人がこの問題
を解けるなんて、思
いがけないことだっ
た」

こめかみに人差し指を当てたあと、両手をパンッとたたき
落とす。

北信越

……富山県

# 石川県

イラスト：たけしまさよ
兵庫支部　前田 厚子

## ① 意外だ！　びっくり！

片手で握りこぶしをつくり、あごを２回たたく。

例文
A：「代打の彼がホームラン!?」
B：「いやー！　意外だなー！」

## ② 思い切って！

①目の前で、両手の親指と人差し指を開く。

②両手首をすばやく回転させる。

例文
「この宝石、前からほしかったのよねー。あらっ、安くなってるわ！　思い切って買っちゃおう‼」

## ③ 気をつける①

①左手の甲の上に、右手の
人差し指と中指を上向き
にのせる。

②その指を回転させて指を
左手の甲に当てる。

例文
A：「こら！ また
　忘れものしたの
　か？」
B：「これから気を
　つけます‼」

## ④ 気をつける②

（冷たいものに触って、思わず手を引っこめる様子）

## ⑤ ばか！ しっかりしろ！

握った両手をこめかみから勢いよく開く。

例文
A：「（助手席で地図
　を見ている彼に
　…）おい、右か？
　左か？」
B：「えっと…（地図
　を見ているがはっ
　きりしない様子）
　わかんなくなっ
　ちゃった」
A：「こら！ しっか
　りしろ！」

北信越

…石川県

## ⑥ 例えば

手のひらの人差し指側を額のやや横に2回当てる。

例文
A：「この時間は何か
　　楽しいものを入れ
　　よう」
B：「えっ。楽しいも
　　のって例えば何？」

## ⑦ ①仕方がない、仕方なく従う　②だまされた

うつむき加減で、両手人差し指をこめかみに当て、手を開きながら下に下ろす。

例文
①A：「おい！　この
　　　荷物あっちに
　　　持っていけ！」
　B：「はいはい」（と
　　　しぶしぶ運ぶ）
②「さっき買ったつ
　ぼ。あらっー？　傷
　だらけ！　高かっ
　たのに。だまされ
　た‼」

## ⑧ ずっと、このまま。もう変わらない。

右手人差し指で、軽く左手のひらをたたき、勢いよく下へ下ろす。

例文
「うわぁ〜。こんな
ところに口紅が〜。
あ〜。もうおちな
いョ」

# ⑨ よし、決めた！

左右のこぶしを力強く上下に１回交差させる。

例文
「熱があるけど、今日はデートだ…よし！　行くぞ‼」

# ⑩ あやしいなあ〜！　知ってるぞ〜！

レベル①

目の前で人差し指のまげ伸ばしを繰り返しながら、手を前へ出していく。

レベル②

親指と人差し指をすり合わせながら手を前へ出していく。
（レベル②の方はより疑い深いときに使う）

例文
「あの会計、本当は不正してるんじゃないかな？　あやしいなあ〜」

「あの二人、本当は付き合ってるんじゃないの？　知ってるんだぞー」

# [11] もったいない

2指で輪をつくり、上へ2〜3回
繰り返す。

**例文**
- 大事にしていたのに壊れてしまった。
  「もったいない」
- デートを約束したので、レストランに行くも
  のだと思って、きちんとした身なりで行っ
  たら、山に行くと言われて、この服ではもっ
  たいないと思った。

**ワンポイント**
「もったいないことをした、残念だ」とか、「こ
れではもったいない」という使い方をする。
それぞれの気持ちを表情で表現する。

---

# [12] （長く）待つ、待ちくたびれる

待ちくたびれたよ

指文字「ケ」を、こめかみから頬にかけてなでるように下
ろす。

**例文**
友人と待ち合わせ
ていたけれどなか
なか来なくて、「待
ちくたびれてしまっ
た」

**ワンポイント**
さんざん待たされ
た、という気持ちで
首をかしげながら、
表現する。

---

# [13] 思いきる

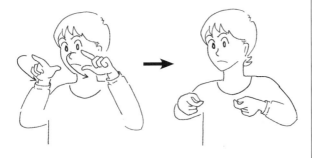

左右同時に素早くひねる。

**例文**
食べてみてとても
美味しかったので、
思いきって買った。

**ワンポイント**
買った→思いきる、
のように動詞の後に
表現する。

## 14 私じゃない

親指を何回か素早く小刻みに打ち付ける。

**例文**
「おまえ、これ食べたな」
「えっ、私じゃないよ」

**ワンポイント**
疑いをかけられたときに、そのことを否定するときに使う。

## 15 うっかり

右手のひらをこめかみに当て、2～3回繰り返す。

**例文**
スカートのチャックを締め忘れたことに気がついて、「うっかりしてしまった」。

**ワンポイント**
うっかりしてしまった、恥ずかしい、という気持ちを含めて表現する。

## 16 お互いに協力し合う

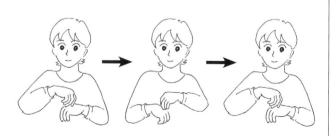

5指を軽く曲げた両手を交互に重ねる。

**例文**
「掃除を1人でするのは疲れるので、お互いに協力し合いましょう」

**ワンポイント**
お互いに協力し合う、補い合うという意味で使う。

北信越

…石川県

99

# 17 おっと失敗するところだった

知人と思って駆け寄ると
別人だった

2指で輪をつくり、あごをこする動作を2〜3回繰り返す。

**例文**
知人だと思って駆け寄って近づくと、寸前のところで違っていたことに気がついた。「おっと失敗するところだった」。

**ワンポイント**
おっと失敗するところだった、危なかった、という気持ちで表現する。

# 18 関係ない

2指で輪をつくり、素早く強い動作で斜め下に開く。

**例文**
「掃除の当番だよ」
「えっ、私には関係ないよ」

**ワンポイント**
顔と上体を背けて表現する。

# 19 すごい

小刻みに震わせる。

**例文**
久しぶりに会ったら、すごくきれいにスマートになっていた。「すごい」

**ワンポイント**
「すごいな」と感嘆する気持ちで表現する。

# 20 もろい

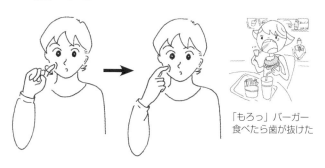

「もろっ」バーガー
食べたら歯が抜けた

頬に人差し指を当ててひねる。

**例文**
ステーキを食べていたら、歯が欠けてしまった。「この歯、もろいな」。

**ワンポイント**
頑丈そうに思ったものが、意外だった、という気持ちで表現する。

北信越

…石川県

---

## 「りくつな〜手話」

　全国手話通訳問題研究会石川支部開催の学習会で人気の高い企画が「りくつな〜手話」。「りくつな」とは石川の方言で、「よくできている」「これは便利」という意味で使われていて、支部ではろう者の伝統的な手話表現を「りくつな手話」と呼んでいます。今回掲載した手話を含め、多くの「りくつな手話」を目にする機会が徐々に少なくなっています。学習会や記録活動を通して、若いろう者や手話学習者に伝えていける活動を続けていきたいと思います。（全国手話通訳問題研究会石川支部）

福井県

イラスト：たけしまさよ

## ① 合わない

①こぶしで額を軽くたたく。

②手のひらを開きながらあごに当てる。

## ② みっともない

手のひらを胸の辺りにおき、そのまま首の方まで、手のひらを動かす。

## ③ 怖がる

人差し指と中指を立てて、左頬辺りから
額の辺りまで2回動かす。

**例文**
「お母さんの大切な
花瓶を割っちゃっ
た！　どうしよう、
怒られる…」

**ポイント**
自分に迫り来る恐怖
を感じるときに使い
ます。

## ④ 素直

左肩から右わき腹まで手をゆっくり動かす。

**例文**
A：「ちょっと！　こ
　　れあんたが食べた
　　の⁉」
B：「あっ。…うん。
　　ごめんなさい…」

**ポイント**
誤ってやってしまっ
たことなどを、素直
に認めるときに使い
ます。

## ⑤ 乱暴

人差し指をあごから前へ2回はじき出す。

**例文**
あいつは乱暴な物言
いをする。

## ⑥ 宿題

こめかみ辺りをこぶしで軽くたたく。

## ⑦ 日記

頭部側面で、指文字「メ」を斜めに動かす。

## ⑧ せっけん

「C」の形にした指を、頬の横で斜め下に2回動かす。

## ⑨ 月曜日

①右手親指をあごにおき、人差し指を正面に向ける。　②人差し指を左へ半回転させる。

## ⑩ 火曜日

①人差し指で唇を指す。　②手のひらを手首を返しながら前に向ける。

## ⑪ 水曜日

**由来**
かつて福井のろう学校で、毎週水曜日に「清潔検査」が行われていたそうで、そこからこの表現が生まれたのでは？という説がある。

105

# 東海

岐阜県

愛知県

静岡県

三重県

岐阜県

イラスト：たけしまさよ

## 1 きらい

あごのすぐ下で、右手指先を首元にくっ付け、指先を立てながら前に出す。

例文
A：「ねぇ、○○君ってステキだと思わない？」
B：「えー、私はきらいよ」

## 2 あらら…（いつの間に）

開いた右手人差し指を鼻の横に付けたまま、親指と中指を2回軽く付ける。

例文
「あらら、いつの間に来たの？」（遅れて来ると言っていた彼が、すでに会場へ来ていることに気付いて、使う）。

## ③ おかしい

指文字「ム」の人差し指をあごに当て、
手首を回すように人差し指を前に向ける。

**例文**
「このラーメンまずい（味がおかしい）」

**語源**
「違う」の表現から来ている。

## ④ ずるい

指文字「メ」をつくり、その輪をあごに当てる。輪をつくったまま、右手を斜め下前方向へ出す。

**例文**
「お姉ちゃんだけケーキ食べて、ずるいよー」

**ワンポイント**
「うらやましい」でも、同様の表現をしますが、速さ、強さを使い分けて感情豊かに表現する。

## ⑤ たぶん

（首をかしげて）揃えた４指の人差し指側を、こめかみの上辺りに２回当てる。

**例文**
「明日は遠足だけど、この天気じゃあ、たぶん雨で延期ね」

## ⑥ 仕方ない

①右手で指文字「メ」を
つくり額に当てる。

②その輪を開きながら、手
を斜め下に下ろす。

**例文**
「彼女に交際を断ら
れちゃった。婚約者
がいたんじゃあ仕方
がないか…」

## ⑦ 日記

握った両手を胸の前で交差させて、首を左右に振る。

## ⑧ 悩む

**例文**
「ゾウ、くるま、ロ
ボット…何を作ろう
かなぁ」

右手を揃えて、額の上部を3等分するように手を当てる。

## 9 兄弟

①左手のひらを全開し、手
　の甲を相手に向ける。

②その開いた左手の人差し
　指上部に右手を位置し、
　右斜め下に下ろす。

ワンポイント
「姉妹」も同様に表
現するが、男女を問
わず「兄弟」という
言い方が一般的に
使われる。

## 10 県

①左手のひらを前に向け4
　指と親指を離す。

②人差し指と親指でできたL
　字を、右手のひらで上から
　下、左から右へなぞる。

語源
「県」の漢字の形か
ら来ている。

# 静岡県

スラスト：たけしまさよ
静岡支部　米澤 環奈

## 1 おしゃべり

両手の人差し指を立てて、同時に斜め前方向へ小刻みに振る。

## 2 気をもむ

指文字「メ」をつくり、他の3指は人差し指に添える。その手を胸の辺りで大きくゆっくり上下させる。

## ③ わからない

右手親指の腹であごをはじき、右から左に通過させる。

**例文**
「あの人、なにか話してるよ?」「そうだけど…何を言っているのか、さっぱりわからない」

## ④ なんなんだよ!

人差し指を、指先は自分の方に向けて、胸の辺りで下から跳ね上げる。

**例文**
「目が合ったのに挨拶もしないなんて!なんなんだよ、あいつ!」

**表情**
にらみつけるような表情で。

## ⑤ 意外だ!奇跡だ!

右手の手のひらを左に向け、強く早く上下に振る。

**例文**
「○○が今度の試合のレギュラーに選ばれたぞ!」
「え?嘘! いつも練習サボってるのに。奇跡だ!」

**表情**
口形は「オ」。

113

# ⑥ 知らないフリをする

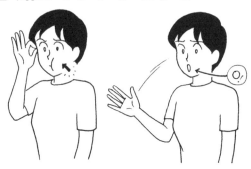

頭から指文字「メ」を開きながら振り下ろす。

例文
A：「前貸したお金返して」
B：「何のこと？」
A：「知らないフリしやがって！ 覚えてるくせに」

表情
①表現をするとき、頬の片側をふくらませる。
②手を振り下ろすと同時に口形を「オ」にする。

# ⑦ 嘘言って…私は知ってるんだよ

右手の親指、人差し指をつまんで、
腰のあたりで早く、すばやく指をはじく。

例文
A：「昨日の夜は、会議休みだったけど？」
B：「残業だったんだよ」
A：「嘘言って…彼女とデートしてたの見たよ」

表情
口形「ピ・ピ・ピ」指をはじくのにあわせて。

# ⑧ 県

※県庁の外壁が赤レンガだったことから、
その様子が手話になっているそうです。

両手の手のひらを自分の方に向け、体の前で左手の上に右手をのせる。

## ⑨ ①どうして知ってる？

右手、親指と小指を立て、親指を鼻に付け前に出す。
（手話表現〔得意〕と同じ）

### 例文
A：「嘘言って…彼女
　とデートしてたの
　見たよ」
B：「え！　なんで
　知ってるの？」

### 表情
驚いた表情で。
口形は「ポ」。

## ②どうしたの？

右手、親指と小指を立て、親指を鼻にくっ付ける。

### 例文
「その服格好いい
ね！　どうしたの？
どこで買ったの？」

### 表情
驚いた表情で。
口形は「ポ」。

※この二つの表現は、よく似ています。ちょっとした動きの違いで、意味が違ってきます。

## 10 多分

指文字「ケ」の形の手でこめかみ辺りをトントンと2回程度軽くたたく。

例文
「多分明日は雨だ」

ワンポイント
顔の表情は少し考えるような感じで。

## 11 面倒

①

広げた手の小指側で首を2回軽くたたく。

②

指文字「タ」の形にした右手を胸の前で下側に動かす。

ワンポイント
①：表情は面倒くさそうな顔で。
②：表情は面倒くさそうな顔で、同時に軽く舌を出すこともある。

## 12 わざと

あごの前で指文字「ウ」の形をひっくり返して、指文字「ト」の形を表す。

# ⒔ トイレ

**語源**
昔の水洗トイレの水
タンクが上にあった
ところから。

手を握り、ヒモを下に引っ張るような動作をする。

# ⒕ 外国人

**語源**
外国人は鼻が高い
イメージから。

人差し指で鼻の上をなぞる（少し高い鼻を描くように）。

# ⒖ 堅い

**例文**
「彼は堅い男だ」

**ワンポイント**
ものの硬さでなく、
「信用のおける人」
といった意味で人に
対して使用する手
話。

小判を歯で噛む動作をする。

## 16 餅

左手5指の輪でつくった輪の中に、曲げた右手の2指を2回程度入れる。

語源
餅つきの様子。

## 17 遠足

リュックの背負いヒモをそれぞれ両手で握る形で、2回程度上下に動かす。

語源
リュックサックを背負って歩くイメージ。

## 18 旅行

指文字「ウ」の形にした両手を斜めに向かい合わせ、指先の方向に両手を同時に移動させる。

語源
汽車のイメージから出来た手話と思われる。

# 愛知県

スラスト：たけしまさよ
愛知支部　篠田　里美

## 1 気をつける

指文字「メ」をあごに軽く2回当てる。

例文
A：「ほらっ、よそみ
してちゃあぶない
よ！…あーあー」
B：「これからは気を
つけるよ」
☆人に注意されて自
分自身が「気をつ
けよう」と思った
ときに使う。

## 2 お金がない・貧乏

右手は軽く握り（指文字「オ」）顔の辺りにおく。左手は
手のひらを上に向け、お腹の辺りにおく。両方の手をそれ
ぞれ軽く揺らす。

例文
A：「今度の日曜日、
映画にでも行こう
よ」
B：「どうしようかな
あ。今月お金がな
いんだ」

## 3 口話が苦手

両手を開き、左手は手のひらを下に向け、お腹の辺りにおき、その上に右手の親指を上にした状態で立てて交差させる。両手をそれぞれ前後に動かして、こすり合わせる。

例文
A：「コーヒー注文して」
B：「自分でしたらいいじゃない?」
A：「だって口話、苦手なんだもん」

## 4 冗談

①右手の人差し指と中指を立て、他の指は軽く握り、指先をこめかみに当てる。

②手首をひねりながら手を少し上に上げる。

例文
A：「遅かったなあ。何してたの?」
B：「ごめん! 友達と話してた」
A：「どうせ、冗談ばっかり言ってたんだろう」
B：「そんなことないよ〜。まじめな話もしてたよ」

## 5 知っているのに知らないフリをする・無視する

①両手を軽く握り、右手は手の甲を前にして顔の横に、左手は腰の辺りにおく。

②右手首をひねりながら顔をそむけ、その方向に体もねじる。

例文
A：「この前、○○さんとすれ違ったんだけど、無視しちゃった。いけないことしたかなあ」
B：「そりゃよくないよ」
A：「だって○○さん、話し出すと長いんだもん!」

## 6 いいつける

**例文**
A:「あー！お皿わったの？」
B:「あちゃー！　見られちゃった！」
A:「大変だ！　○○さんにいいつけてやる〜」

**口形**
「ア」または「エ」をつける。

両手を軽く握り、手の甲を前に向け、腰の辺りを軽くたたく。

東海 … 愛知県

## 7 危ない

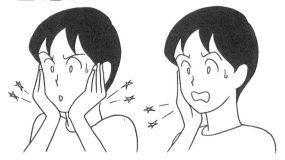

**例文**
A:「この前、車の運転していたら子どもが飛び出してきてびっくりしたよ」
B:「危ない〜。気をつけないとね」
☆女性は片手でも使うことがあります。
☆「危ないから気をつけて」という意味もある表現です。

両手で、頬を軽くたたく。

## 8 間違えた

**例文**
A:「さっきだれと話してたの？」
B:「いやー、サークルの○子ちゃんだったと思って声をかけたら人違いだったよ」

右手を軽く握り、手の甲を前に向け、あごをポンポンと軽くたたく。

## 9 ジロジロ見る

①右手、中指と人差し指を目
の辺りに当てて、手を前に
出す（手話表現〔見る〕）。

②右手、親指を立ててあごの
下に置き、2回くらい前に出
す（手話表現〔足りない〕）。

### 例文
A：「あんまり人のこ
とジロジロ見るな
よ。恥ずかしいか
ら」
B：「え～見てないよ。
ちょっと横目で見
てるだけ…」

### 口形
「エ」をつける。

## 10 たいくつ

右手を軽く開き、人差し指をこめかみの辺りに2～3回ト
ントンと当てる。

### 例文
A：「そして白雪姫は
…むにゃむにゃ
…」
B：「おかあさん…寝
ちゃったの？ あー
つまんない」

## 11 できる

A                    B

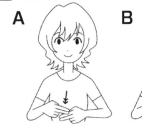   

A 両手の人差し指と中指をそろえ、右中指を左
人差し指側に打ち付ける。
B グーの形に握った左手こぶしに右手の中指側
を打ち付ける。

### 例文
どんな仕事だってできる。

### ワンポイント
可能動詞で使われ、助動詞とし
ては使わない。名古屋や西尾張
地域の年配者に使われている。

### 語源
語源ははっきりしないが、名古
屋のろう学校の中で使われてい
た手話。木工科と関係があるか
もしれない。片手が握りこぶし
に変化した手話も見られる。

## 12 遊ぶ

指文字「ネ」の形の両手を身体の前でぶらぶらさせる。

---

## 13 なんだ（なぁ～んだ）

あごの下辺りにすぼめた手をもっていき、指先を下に
してつまんだ物を捨てるようにする。

例文
「新しいラーメン屋が駅
の近くにオープンしたと
聞いたが、どんなに探し
てもなくて…なんだ、駅
の目の前だったのか」

ワンポイント
思わずあごにきた手が、
気が抜けて緩むようなし
ぐさ。くっ付いていた人
差し指と親指を離すよう
な（はじくような）動き
もある。

---

## 14 原因

立てた左手の手のひらに、右手の親指の先を2度当てる。

例文
• 喧嘩の原因は君だ
　ろう！
• スマホが壊れた原
　因は何だと思う？

＊年配者が使う。

## ⑮ はやく

手話表現〔用事〕〔必要〕と似た手話で、胸に指先を早く打ち付ける。

**例文**
「電車が来るから、はやく、はやく」

**ワンポイント**
相手を急がせるときに使う。

## ⑯ たぶん

指文字「ケ」を顔の横で表し、こめかみに付ける。

**例文**
「たぶん、明日行くと思う」

＊愛知県全域で年代に関係なく、普通に使われている。

## ⑰ まさか

指文字「レ」を水平にして、親指の先を胸の辺りに2度当てる。

**例文**
「あの仲の良い先輩たちが離婚したなんて。まさか、そんなことはないと思う」

**ワンポイント**
右親指をあてる場所は、右胸の人もあれば左胸の人もある。

## ⒅ 忙しい

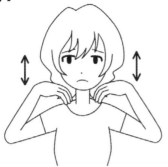

両手をすぼめ肩に乗せたまま、肩を2〜3度交互に上下する。

**例文**
仕事と役員会で毎日
忙しい。
＊西三河地域で年
　配者に使われて
　いる。

**語源**
いろいろな仕事が、
次々と肩にかかって
くるようすを表す。

## ⒆ 前もって

あごの辺りに指文字「ク」の指先を当てる。

**例文**
「講演があるから、前もって調べ
ておかないと」

**ワンポイント**
指先をあご部分にポンと当てる
ように表現する。事前に不備が
ないように準備をするという意
味で使う。愛知県内の一部の地
域で使う。

**語源**
不備を補うというところから。

東海 … 愛知県

スラスト：たけしまさよ
三重県　今西 裕紀

## 1 なじみ

指文字「ム」をあごに2回当てる。

例文
A：「あの人知ってる？」
B：「知ってるよ。昔からのなじみだもの」

## 2 なるほど

指文字「タ」を、肩の辺りで2回動かす。

例文
A：「パソコンの使い方は…」
B：「なるほど〜」

## ③ おしゃれ

例文
「あの人いつもお
しゃれね〜」

鼻に当てた指先を、左に半円描くようにする。

## ④ まさか！

①こぶしを腰に引き付ける。

②前にぱっと広げて軽く揺する。

例文
「まさか！ あの２人
が結婚しちゃうだな
んて…」

## ⑤ おおげさ

頬に親指をつけ前に２回ねじる。

例文
A：「この間、こーん
　　な大きな魚釣っ
　　てさー」
B：「またおおげさな
　　こと言ってー」

## ⑥ な〜んだ

①指文字「タ」を表す。　②下に打ち付ける。

例文
「な〜んだ、そんな
ことだったのか〜」

## ⑦ でたらめ

全指をつまむようにして、交互に重ねる。

例文
「でたらめ言うな！」

※「事実にあること
　ないことを付け
　る」という意味。

## ⑧ 楽ちん

手を軽く開き、親指をこめかみの辺りに2回付ける。

例文
「主人が家事をして
くれるので、とって
も楽だわ〜」

128

# 9 ごまかす

①頬を舌でふくらませ、人差し指で差す。

②人差し指を体の前で1回転させる。

**例文**
A:「それ、冗談でしょう?」
B:「ははは…。ごまかすのは難しいな」

# 10 遠足 (ハイキング)

両手で指文字「ウ」を交差させる。

**例文**
「明日は遠足だ。楽しみだなあ」

※昔のリュックサックの組み紐からきている。

# 11 早く

こぶしの親指側を、あごに素早く数回打ち付ける。

**例文**
「時間ないよ、早く食べなさい」

**語源**
「早く口を動かしなさい」として、手をあごに打ち付けたのが始まり。

東海 …三重県

## ⑫ 余計な事

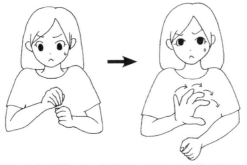

軽く握った左こぶしを、右手でいきおいよく前にはじく。

**例文**
「また余計な事言う
のはやめなさい」

**ワンポイント**
お節介、世話焼きの
意味もある。

## ⑬ うそ

**A**　　　　　　**B**

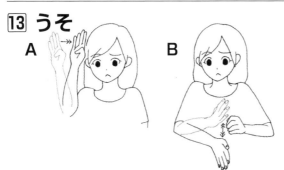

A　指文字「ケ」をつくり、側頭部を2回打つ。
B　左手を軽く握り、右手で左手指先を何度かこするよう
　　に上下させる

**例文**
「うそばっかり言っ
て」

## ④ 地味

左右とも　指文字「ヒ」を頬から下ろす。

**例文**
人通りが寂しくなっ
て、この辺は地味な
所。

**ワンポイント**
目立たない。派手で
はない。

## ⒂ 余裕 大丈夫

手を下ろす

開いた手を横に向け、親指爪側を鼻の頭に当て、手を下ろしながら、人差し指をイラストのように親指の付け根の方に滑らせる。

例文
2、3日あるから余裕でつくれる。

## ⒃ めんどくさい なまけてる ものぐさ

親指を伸ばした左腕に付け、残りの4指をバラバラに震わせながら腕に沿って上げていく。

例文
A:「今日暑いけど、一緒に行こう」
B:「めんどくさいからやめとく」

## ⒄ 旅行

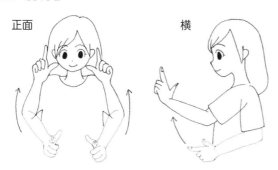

正面　　　　　　　　横

両手とも指文字「レ」をつくり、弧を描きながら上げる。

例文
明日楽しみにしていた、旅行に行く。

**ワンポイント**
線路が続くように上げていく。

**語源**
汽車に乗っていくようす。

東海 …三重県

## 18 わからずや

両手とも指を軽くまげ、片手は胸の前（手のひらを胸側に）、もう一方は手のひらを向こうに向けてやや前方におき、手首をひねりながら、すばやく前後を入れ替える。

例文
「何度も説明しているのに、わからずや」

ワンポイント
ああ言えばこう言う。意見が一致しないときに使う。

## 19 まじめ

指文字「レ」の親指爪側を鼻の頭に付け、人差し指を鼻筋に沿わせた後、手を下ろし、鼻からはずれたところで、上げながら指文字「ム」の形に開く。

例文
道をそれたことがなく、まじめだ。

## 20 いきなり

人差し指先を側頭部に当て、手話表現〔思う〕、指文字「メ」をつなげ（手話表現〔関係〕）、上下に離す。

例文
いきなり言われて、びっくりした。

ワンポイント
突然、急にの意味。

# 近畿

京都府

滋賀県

兵庫県

大阪府

奈良県

和歌山県

## 滋賀県

イラスト：たけしまさよ
滋賀支部　酒井　幸代

## ① 円

親指と4指であごに触れ、そのまま下に、手のひらをすぼめるように下げる。

**ワンポイント**
長いあごひげをなでるようなしぐさ。

## ② 貧乏 (だから買えない)

①両手で指文字「メ」をつくり、右手は肩の位置辺りにおき、左手はお腹辺りにおく。

②両手は指文字「メ」の形のまま、右手を左手のところへ下ろす。

**例文**
A：「新しい指輪買ったのよ！」
B：「いいなあ…。私貧乏だから買えないわ…」

134

## ③ なぜ？　どうして？

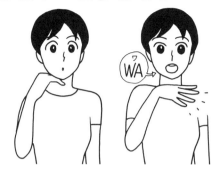

あごを手の甲でこすりながら、勢いよく動かす。

**例文**
「どうしてそんなこと聞くの？」

## ④ かんべんして！

軽く曲げた5指を頬に当てる（両手の場合もある）。

**例文**
A：「これ間違っているじゃないか！」
B：「あっ…！　かんべんして！　ごめんなさい！」

## ⑤ 葬式

丸棒を握り締めるような状態の両手を腰に当て、軽く2～3回揺らす。

**由来**
昔の葬式の方法の一つ（二本の棒の上に棺を載せて持つ）から。

近畿

…滋賀県

135

# ⑥ 学校に関する手話

## 学校

**動き**
手のひらを胸に付け、前に出しながらすぼめる。

**由来**
嫌々ながら、連れて行かれる様子から。

## 宿題

**動き**
右手を肩に当てて、そのまま前に出す（手話表現〔任せる〕のような動き）。

**由来**
教師が、生徒に向かって宿題を出す様子から。

## テスト

**動き**
ガリ版を刷る仕草を2～3回する。

**由来**
テストのためにガリ版を刷る様子から。

## 良い

**動き**
身体の前で、人差し指で丸を描く（内容によって回数が異なる。仕草も大きくなったり小さくなったりする）。

## 先生

**動き**
両手の手のひらを上に向け、腰辺りに2回当てる。

**由来**
先生は教える立場なので、「教えてあげる」の〔あげる〕という手話表現の手の形から。

## 7 相談、会議

握りしめた両手の甲を外に向けて、身体の前で交差させ、
胸に当てる。首もかしげる。

## 8 終わり

手のひらを前に向けて軽くまげ、そのまま前に出す。

例文
「今日の授業は、こ
れで終わりです」

**由来**
映画の最後「完」の
文字から。

## 9 さすが! (納得)

両手を身体の前で、後ろに引く。

例文
琵琶湖花火大会の
花火はとてもきれい
で「さすが‼」。

近畿 … 滋賀県

137

## 10 勘ぐる

両手人差し指をまげ、向かい合わせて前進させる。

**例文**
はま子さんは聞こえ
ているのではないか
と勘ぐった。(『手話
この魅力あることば』
⑫杉本はつより)

**ワンポイント**
疑っている表情。

## 11 なぁーんだ (がっかり、くやしい)

人差し指でこめかみを指した後、2指で輪をつくり、下に
向けて手を開く。

**例文**
楽しみにして行った
お店が定休日で
「なぁーんだ」。

## 12 すっきりする

こめかみから、5指を開きながら下に動かす。

**例文**
草刈りをしてきれい
になった庭を見て、
「すっきり」。

**ワンポイント**
口形は「ショー」、
「ポー」。

## 13 思う

左手で筒をつくり、右人差し指の横腹で2回たたく。

**例文**
「今度の旅行、行く？」
「行くと思います」

**ワンポイント**
「オモイマス」と言いながら、2回たたく。

## 14 嘲笑

両方の手のひらを上に向け、2回上へ動かす。

**例文**
家の中がごちゃごちゃしているときに、「こんなだったらみんなに笑われるよ」。

## 15 相談

両手こぶしを胸の前で交差させ、身体を左右に動かす。

**語源**
みんなで腕組みして考えている様子から。

## 16 ○○会

右手こぶしで、左手のひらをたたきながら左へ動かす。

**語源**
聾話学校の会議で子どもたちが机をたたいていた様子から。

## 17 大丈夫

両手こぶしを身体の前で小さく2回下ろす。

**ワンポイント**
口形は「ダイジョウブ」。

## 18 もぉー‼（面倒だな）

手のひらを、鼻の頭から相手に向かって強く動かす。

**例文**
喧嘩をしている様子を見て、「もぉー‼何やっているの⁉」。

**ワンポイント**
口形は「ショー」。

# 番外編

## 草津

2指で身体近くに2回円を描く。

### 語源
聾話学校と寄宿舎が草津にあり、自分たちの居場所はここだという意味から。

## 西川はま子

左手を腰に当て、身体を少し傾ける。

### 語源
ろう教育の中で手話を禁止し、口話による教育を進めた西川吉之助さんの娘で、口話教育の成功モデルとされた人物。

---

### 西川はま子について

滋賀県手話通訳問題研究会では、毎年高齢のろう者に手話で語っていただく企画をしています。この"西川はま子"の手話ネームは、あるろう女性（昭和6年生まれ）の聾話学校の思い出の中で、出てきました。はま子さんは昭和8年から15年まで県立聾話学校寄宿舎の看護人として働いておられたそうです。

女性が初等部の頃の話です。

再現写真

「はま子先生は風邪をひいて熱を出した時、枕元にずっとついて看病をしてくださいました。タオルを絞っておでこに当ててくださり、ねずみ色の薬を塗った布を胸に貼って下さいました。私が目を覚ましたら、はま子先生は笑いながら『あなたは眠りながら"思います"（滋賀の手話方言）の手話をしていましたよ。夢を見ていたのですね』」と話されたそうです。怒ることはなく、とても優しい先生でした。

また、「健聴のお客さんと上手に口話でお話をしているのを見て、あんな風にはできないなあ、すごいなあと思っていました。立っている時は腰に手を当てて首をかしげるのが癖でした（再現写真参照）」と回想されます。

そのはま子さんの姿を見て、子どもたちの中で手話ネームを作ったのでしょうね。ろうの子どもたちにとって、はま子さんがどのような人だったのか。貴重な証言・貴重な手話だと思います。（滋賀県手話通訳問題研究会）

京都府

イラスト：京都支部　持田 隆彦

## ① じゃまくさい（面倒）

すぼめた右手をあごの下に当てて、斜め下に投げ捨てるように勢いよく出す。

**例文**
「遊びに行くんやったら、ちゃんと宿題してからやで」
「じゃまくさいなー」

## ② 幻滅

こめかみに右手人差し指を当てて、水平にした左手のひらの親指辺りに、右手の小指が当たるように、垂直または揺らしながら下ろす。

**例文**
「昨日の講演会はどうだった？」
「期待ハズレだったよ」

**ワンポイント**
水銀柱が下がっていく様子。

## ③ 酢

中指と親指で輪をつくり、右へ水平に引く。

**語源**
盲唖院時代の指文字（渡辺平之甫式手字法）50音の「ス」の表現。

## ④ 決勝

①

②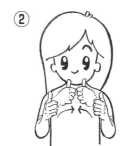

①親指と中指で輪をつくり、中指であごをはじく。

②親指を立てた両手を左右から力強く合わせる。

**語源**
スイカを指ではじいて熟れているか音で聞きわけたり、茶碗が本物かどうか音を聞いて確かめるところから「本物」という手話が基になっている。

近畿 … 京都府

## ⑤ うらやましい

上に向けた手のひらを、胸のやや上部に当てて、少し閉じたり開いたりする。

**例文**
「この間、夫と北海道旅行してきたの♪」
「あら! うらやましい」

**ワンポイント**
「物が欲しい（人差し指をくわえる）」とは使い分けられている。

**語源**
昔、母乳が出ないとき、もらい乳をしたり重湯をつくったりしていた当時の、母親たちの大変な思いが込められている。

143

## 6 祇園祭

①

②

①人差し指を立てた右手を垂直に立て、左手を右肘の辺りに添える。

②太鼓をたたくように両手の人差し指を上下させる。

**ワンポイント**
肘を基点にゆっくり前後にゆらす。

**語源**
山鉾の巡行を表わしている（①）。

---

## 7 色、何？

左手のひらの上で、中指を左右にこするようにする。

**語源**
西陣織の職人が絵の具を溶く様子。盲啞院時代、啞生には伝統産業に就くための学科があり、京友禅や西陣織などに就職すると、まず絵の具溶きや墨すりが丁稚の仕事であったため。1色溶き終え、次の色は「何?」と聞くところから、「色」と「何」は同じ表現をする。

---

## 8 侘、寂（A）／ 雅（B）

わび　さび　　　　　　　みやび

**A**

**B**

親指の爪部を目元の下辺りに当て、鼻梁に添って鼻の下辺りまで下げる。

5指を開いて、揺らしながら少し斜め上に出す。
身体からキラキラと光り輝いているように

**例文**
A：京都『落柿舎』は侘び、寂の世界を今に伝えています。
B：雅な平安文化を味わってください。

※京都の観光コースに「侘・寂コース」「雅コース」があり、70歳以上のろう者が使う表現。

## ⑨ 適当に（意のままに）

人差し指でお腹の辺りを指差すと同時に、
お腹をへこませる。

**例文**
「テストわかった？」
「よ〜わからんし、
適当に書いといた
わ」

**ワンポイント**
口は「トウッ」と発
音する。

## ⑩ 住所

両手で家の屋根をつくり、
右手で真ん中辺りを手刀で切るように下ろす。

**語源**
京都の辻、辻に必ず
住所札があったこと
に基づく。

近畿

…京都府

イラスト：野田 泰江
大阪支部　青谷 由美

## 1 念のため (前もって準備するときのために使う)

人差し指で脇腹を指差す。

握った手を脇腹に当てる。

**例文**
- 梅雨時期だから、（念のため）傘がある（持ってきた）。
- 意見発表に際し、（念のため）資料の準備を（している）。
- ホテルの枕は合わないから、（念のため）自分の枕を持ち歩いているんだよ。

## 2 いい年をして

指先の甲側をあごに当てる。

数回はじくように出す。

**例文**
- 年齢不相応な行いをする様を表す。そこの男性、いい年してまんがを見てるよ。
- 会社の入社式に親がついて来ている（いい年をして）。
- 子どもみたいに散らかしっぱなしじゃないか。

## ③ さわらぬ神にたたりなし

胸の横で親指と人差し指で輪をつくり、
3指で数回はらい上げる。

例文
- 高価で「手が届かない」。
- 彼は車の免許取り立てだよ「くわばらくわばら」。
- 見て見ぬふり（表情が大切）。

## ④ 満足

握りこぶしをつくる。　あごに当てる。　当てたこぶしを
上下させる。

例文
- 思い通りにことが進んでとても満足だ。
- 締め切り間近なのに、彼は何もしていないから（ずるいよ）、代わりにしてあげて彼は満足だろうよ。

近畿 … 大阪府

## ⑤ 急ぐ

両手人差し指をまげて　指先を細かく動かしなが
手首で交差する。　ら左から右に移動する。

例文
- 急いで（すぐに）、いきなさい。
- 急いで（すぐに）、きなさい。速く（急いで）行こう。
- 締め切りに急ぐ。
- （入院中の方の）様態が変化し、（急いで）見舞にきた。（この場合、時間的に急ぐ場合と、危篤状態両方に係った使い方がされる）。

## ⑥ 気にしない

人差し指をこめかみに当て、パーにして投げ捨てる。

例文
「若づくり」と言わ
れても気にしない。

## ⑦ 恨みをわすれない

勢いよく両手を交差させ、親指と人差し指を合わせながら
前方に出す。

例文
長年の恨みを晴ら
す。

## ⑧ ぬれぎぬ

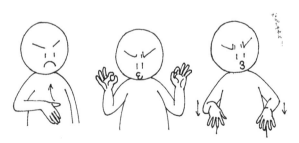

胸をなで上げ、両手を指文字「メ」にして、パッと投げ捨
てる。

例文
言われたとおりにし
たのに、怒られた。
やってられへん！

## ⑨ どうなってんねん

どないなっとん?!

親指と中指を小刻みに弾く。

例文
会議が長引いている…。
「どうなってんねやろ」

## ⑩ できまへん

できまへん!

顔の横で手のひらを後ろにして前後に小さく振る。

例文
A：「締切が過ぎてるけど申し込みできますか?」
B：「できまへん」

近畿

…大阪府

## ⑪ 狼狽（うろたえる）

あわわわ……。

上体をそらしながら中指をあごに当て、軽く指先を震わす。

例文
不意の質問にうろたえる。

## 12 ださい

だささっ♪♪

**例文**
彼の服装はいつもだ
さい。

両手人差し指を体側に沿って下ろす。

## 13 手も足も出ない

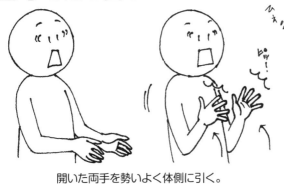

ヒネ♪♪

ピク!♪

**例文**
彼の博識には手も足
も出ない。

開いた両手を勢いよく体側に引く。

## 14 なめられた

ぷぃ!♪

**例文**
後輩にため口をきか
れた。(なめられた!)

(胸の高さで)上に向けた手のひらの指先を口元に向け、軽
く息をふく。

## ⑮ なかなか来ない

鼻の横に人差し指を当て、親指、中指、薬指３指を小刻みにつけたり離したりする。

**例文**
約束の時間が過ぎてるのに、なかなか来ない。

### 柔らかく親しみやすい大阪手話

大阪弁に対しては、賛否両論があるそうです。

第一説は、標準語化した東京弁と比べて表現が露骨すぎる（つまり「えげつない」言い方が多い）というもの、第二説は、これとは逆で、大阪弁は人間的で言い方が柔らかい、東京弁のような変に取り澄まして相手と距離を置いたり、きつい表現になったりすることがない、というものです。

多分どちらも正しいのでしょう。

では、大阪手話は？

まあ、大阪人としての身びいき半分・慣れ半分（イコール客観的根拠部分ゼロ？）で言うと、大阪手話は、表現が柔らかく人間的で親しみやすいような気がします。東京手話のように、よく言えばテキパキ、悪く言えば冷たい感じの手話と比べると違いがはっきりするように思います。（う〜ん、ちゃうかなあ）

『これが大阪の手話でっせ』「序にかえて」（松本晶行）の一部より
（2001年 大阪聴力障害者協会・大阪手話通訳問題研究会・大阪手話サークル連絡会発行）

# 兵庫県

イラスト：兵庫支部　前田 厚子

## 1 先生に言うたろ〜

握ったこぶしを体にちゃっちゃとぶつける。

**例文**
「あぁ、弱いものいじめ、先生に言うたろ〜」

## 2 ひぇ〜（しまった）

腕と反対の頬に手の甲をこすりながら上げる。

**例文**
悪口を言ってたら、本人がいて…。

## ③ 伝えていく

立てた指を落とし込むように。

## ④ なるほど、そうなのか

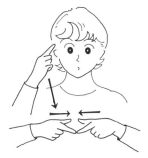

頭を指差した後、両方の親指と人差し指を付け合わせる。

## ⑤ まさか、信じられない

額に当てた指を、思い切り反転させながら払う。

近畿　…兵庫県

## 6 こわい

例文
「わあぁ お化けだ！
こわい〜！」

あごに2指を当て、体は引く、顔は怖い顔。

## 7 宿題

語源
ガリ版のプリント。

握りこぶしをつくり、手のひらにこすり付ける。

## 8 何考えてるの

例文
「いい年して派手な
服装ね、何考えてる
の」

こめかみを指差した後、指を開きながら投げ捨てるように。

## ⑨ あっという間に

例文
「早や!! もう飲みほしちゃったの!?」

親指と人差し指を顔に引き寄せ、親指が目の下辺りに付くと同時に、人差し指を親指に付ける。

## ⑩ 面白い

例文
「なんか、あのおじさんの格好が面白いね」

鼻の前で、親指と人差し指で指をパッチンする。

近畿

… 兵庫県

### 「なんぎな手話」

　兵庫県にはろう学校が４つあり、それぞれの学校内で使われていた手話が代々後輩に引き継がれ、地域の手話になっているものがたくさんあります。
　兵庫手話通訳問題研究会では、DVD「なんぎな手話」シリーズを作成しています。聞こえない人の会話の中でよく使われるけれど日本語にしにくい、無理矢理日本語に当てはめてみても何かぴったりこない、そんな“手話の中の手話”の収集が「なんぎな手話」のルーツです。
　「ひょう通研ニュース」に連載したイラストを動画に収録し、「なんぎな手話」DVDが誕生しました。どのDVDにも聞こえない人の生き生きとした手話が収録されています。工夫を凝らした解説書もあり、私たちの宝物となっています。（兵庫手話通訳問題研究会）

# 奈良県

イラスト：たけしまさよ

## ① ズレる、違う

眉毛のラインより少し上部に人差し指を当て、その指をまげながら顔側面へ向けて払う。

## ② 何も考えずに、適当に、無謀に

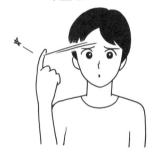

指文字「メ」の輪を頭の側ではじかせて、開いた手で頭を軽くたたいて上へ上げる。

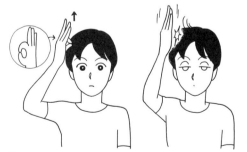

# ③ あれ!?

人差し指と中指を立てた右手を、左右に勢いよく振る。

---

# ④ つまらない、二流品

左右ともに目の下辺りに人差し指を当て、(手首をひねって)
人差し指を前に向け、ふくらみをもたせながら上にはね上
げて振り下ろす。

---

# ⑤ 倹約

指文字の「タ」を表した左手の親指の腹を、右手の人差し
指で2、3回払い上げる。

近畿
…奈良県

## 6 失敗を繰り返さない

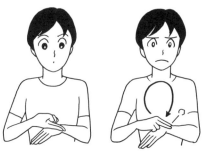

左手首に人差し指と中指を出した右手（チョキ）のこぶし
を上にして置き、左肘の方にひっくり返す。

## 7 見落とす

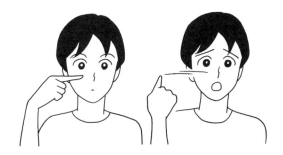

人差し指を目の下に当てて、顔側面に向けて払う。

## 8 早く

片方の手は手のひらを上に向け、もう片方で握りこぶしを
作り、そのこぶしを手のひらの中央に当てる。

## ⑨ そんなバカな…

例文
「あの○○先生が、男の人と仲良く腕組んで歩いてるの見ちゃったんだよ！」

指を軽くまげた手を頭の高さまで上げる（親指の位置はこめかみ辺りに）。その手を少し後方に倒す。

## ⑩ 盗み見られた

例文
「あら！ 私のこと話してるわ！
いつ見られたのかしら!?」

人差し指を目の下に当て、指文字「ヌ」を表しながら顔側面に向けて素早く払う。

近畿

…奈良県

---

### 「平城寮」にルーツをもつ独特な奈良の手話

　奈良の独特な手話表現は、ろうあ児施設（児童福祉施設）「平城寮（現筒井寮）」に寄宿していた子どもたちが使っていた表現が多くあります。

　奈良支部では、奈良県立ろう学校卒業のろう高齢者に、ろう学校で受けた教育や子どものときの暮らしについて手話で語ってもらい、映像に残す取り組みをしています。多くのろう高齢者のお話を保存できるよう進めていきたいと思います。

　県内三団体で実行委員会を立ち上げ編集を行った『奈良の手話Ⅱ』に本書の表現は掲載されています。（奈良県手話通訳問題研究会）

## 和歌山県

イラスト：たけしまさよ
和歌山支部　田中 三津子

## ① 学校

### ① （60代〜）

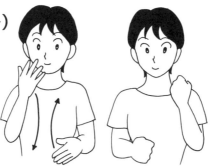

開いた両手を、互い違いに上下に動かして握る。

### ② （〜50代くらい）

片手を耳の横辺りで前後にふる。

**意味**
生徒が手を挙げて
「ハイ！ハイ！」と
言っている様子より。

## ② 水　　① (50・60代〜)　　　② (全年代)

口もとの下を手ですくうようにぬぐう。　　口もとで４指を左右に動かす。

## ③ 忙しい

肩に両手を軽くのせて、肩とひじを上下に交互に動かす。

## ④ 先生 (30代〜)

口もとの両端を１回ずつ指差しする。
（どちらが先とは決まっていない）

> **意味**
> 「口もとを見なさい!」
> と言っていた口話教
> 育のなごりがある手
> 話。

# ⑤ 漢字 （全年代）

両手で2指を閉じて胸の前で2回たたく。

# ⑥ 肉 （全年代）

手話表現〔漢字〕と同じ手の形。
2指を閉じて前後にこすって、肉を切る仕草をする。

意味
肉を切るしぐさから。

# ⑦ 町

両手親指を立て、あごの下から前に出す。

例文
白浜町にあるアドベ
ンチャーワールドは
パンダで有名です。

## 8 役所

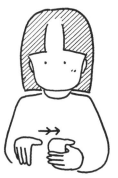

例文
私は市役所に勤めて
います。

左手で封筒の形をつくり、横から書類に見立てた右手を2
回入れる。

## 9 毎日

例文
6月は休日が全くな
い。毎日仕事だ。

まげた人差し指を動かしながら、頭の横から手を前方に動
かす。

## 10 みっともない

例文
私の入学式に母親が
Gパンをはいて来
た。みっともない。

全指を軽くまげ、顔の横から前方に2回動かす。

近畿

…和歌山県

## 11 危ない（危険）

例文
子どもたちが道路で
遊んでいる。「危な
い！」。

顔の前を横切る感じで手をパッと握る。

## 12 危ない（危篤）

例文
母親が入院してい
る。危篤状態だ。

握りこぶしを鼻の前で動かす。

## 13 荒っぽい

例文
そんなに強くたたく
なんて荒っぽいな。

頬の横で指文字「メ」をつくり、パッと開きながら前に出す。

## 14 不作法

開いた手の親指を鼻に当て、親指以外の4指を倒す。

## 15 好きやな〜（こればっかりや）

握りこぶしをあごに2回当てる。

## 16 先生

人差し指で口の両端に触れる。

# 中 国

鳥取県

島根県

岡山県

広島県

山口県

鳥取県

イラスト：たけしまさよ

# 1 さみしい

両手の親指を立てあごの下におき、揺らしながら広げていく。

# 2 おしゃれ

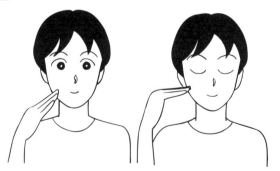

そろえた5指の指先を頬に当て、くの字にまげる。

## ③ 勝つ

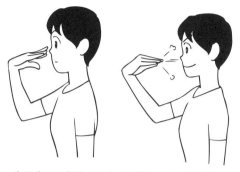

鼻の先で5指をつまみながら、サッと引く。

例文
今日のワールドカップ野球は、日本が勝つと思う。

## ④ 遊ぶ

身体の前で両手首をクロスさせ、手首の力を抜いて上下に動かす。

例文
「放課後、グラウンドで遊ぼう！」

## ⑤ 損したときに…

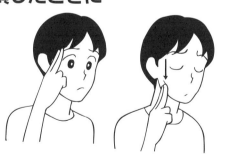

人差し指と中指を立て、指の腹をこめかみに当てたまま、下へすべらせる。

例文
「（同じ品物を）君は安く買ったね、僕は高かったよ〜」

中
国
…
鳥
取
県

## 6 めんどう

親指と人差し指で鼻先をつまんだ後、パッと手のひらを下に向けてらせんを描く。

**例文**
「明日は町内清掃だぁ…」

**ワンポイント**
将来を想定して感じる場合に使う。

## 7 後悔

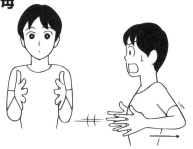

両脇の前で手のひらを向かい合わせた状態で（指と指の間隔はかるく開けて）、指先を前方へ向ける。その後、両腕をサッと引く。

**例文**
「あ〜しまった、さっきの角を曲がれば良かった。遠回りになっちゃった」

## 8 困った人ね

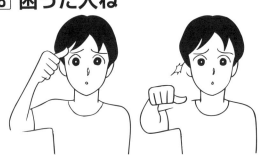

指文字「ア」をこめかみに当てて、親指をはじくように前に出す。

**例文**
「いつも問題ばかり起こして‼」

## ⑨ 関係ない（知らんぷり）

指文字「ケ」の人差し指を、頬から口元に向けて2〜3回すべらせる。

例文
「（ケーキ食べちゃったけど）知らないよ〜」

ワンポイント
自分のしたことに対して、自分の中で使う。

## ⑩ いつも（ワンパターン）

そろえた4指と親指で、あごを数回つかむ。

例文
「いつもその服だなぁ」

### 古い手話の保存・伝承について

　鳥取では、本書に掲載した手話を含め鳥取独特の手話を使う人が少なくなりました。「鳥取県手話言語条例」制定後、「とっとりの手話を創り、守り、伝える事業委員会」（鳥取県聴覚障害者協会、全国手話通訳問題研究会鳥取支部、県サ連で組織）で新しい地域の手話、古い手話の保存・伝承を検討しています。それらを発表する場・機会を利用して、若いろう者や手話学習者へ伝え残していきたいと思います。（全国手話通訳問題研究会鳥取支部）

# 島根県

イラスト：たけしまさよ
中濃 郁（浜田市）　協力：島根県ろうあ連盟 大瀧 浩司

## ① 礼儀、行儀

人差し指と中指を出した両手のひらを、平行に向き合わせて、体の前に出す。

例文
「女の子は行儀よく」
「お世話になった方にはお返しするのが礼儀です」

## ② これっぽっち!?

指を丸めて鼻の頭に近づけ、開きかげんで軽く揺する。

例文
「メニューじゃ、あんなに大きなエビフライだったのに…。たったこれっぽっち？」

## ③ 間一髪

親指と人差し指を勢い良くこすりあわせる（1回）と同時に鼻の前においた手を少し斜め下に動かす。

例文
「あーっ！　電車のドアがしまる〜。（あわてて乗り込んで）はー。間に合った！セーフ！」

## ④ 前もって準備する

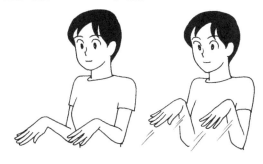

①両手のひらを下に向け、　②勢いよく手前に引く。

例文
「準備いいだろ？　お盆だから早めに切符買っておいたんだ」
「会議は9時からだけど早めに準備しておこう」

## ⑤ 水、水曜日

両手のひらを回転させる（水車が回る様子を表している）。

例文
「山の水はおいしいなぁ」

中
…島根県

## 6 そりが合わない

例文
「どうもあいつとは
そりが合わない！」
「あの人と一緒なん
てとんでもない！」

両人差し指を、体の前で勢い良く斜めに交差させる（刀を鞘に収めるような仕草で）。

---

## 7 みんなそろった、満場一致、全部満点

例文
「家族全員がそろっ
て元気‼」
「満場一致で、代表
は○○さんに決定し
ます」
「（1塁、2塁、3塁全
部に走者がそろっ
た）満塁だ！」

①左手は手のひらを体に向け、胸の前。右手は手のひらを相手に向け、円を描く。

②その右手を指文字「メ」にして左手の甲に付ける（①②の動きを連続して行う）。

---

## 8 ちょうど（数がちょうど良い、ぴったり割り切れる）

例文
「いただきもののお
菓子、みんなに分け
てちょうどぴったり
だわ」

①両手の親指と親指、人差し指と人差し指をくっ付ける。

②左右はじくように手を離しながら、親指と人差し指をくっ付ける。

# ちょうど良い、ぴったり

右手親指と人差し指を、左手のひらにくっ付ける。角度を90度ずらして同じように付ける。

例文
「条件にぴったりだ」

---

## ⑨ 慎重に、気をつけて

手のひらを胸に向け、中指だけゆっくり胸に付けながら、やや身体をかがみこませる。

例文
「この壺は高うござる。くれぐれも慎重に持ち運ばれよ！」

---

## ⑩ 間違い

鼻の横に置いた親指と人差し指を2回引き寄せる。

例文
習字を書いていて、途中で字を間違えた。

ワンポイント
自分の間違いに気づいたときに使う。

中国　…島根県

175

## ⑪ しまった

手のひらを耳下部から頬伝いに前に滑り出す。

**例文**
- 寝過ごして遅刻だ！しまった！
- 言ってしまった。
- 書き間違えてしまった。

**ワンポイント**
失敗したときに使う。

## ⑫ しょっちゅう（いつも）

手のひらであごをつまみ3～4回下ろす。

**例文**
- 母はしょっちゅう（いつも）サトイモ料理ばかりする。
- いつも同じ服ばかり着ているね。

**ワンポイント**
よくない意味で使う（食事、服装、説明など）。

## ⑬ 突然

5指でつまんだ（指文字「オ」）で両手を素早く、胸の前で左右（右左）に移動させる。

**例文**
- 突然、手話表現の収録を頼まれた（驚いた）。
- 連絡なしで突然やってきた。

**ワンポイント**
驚いた感じや、迷惑な気持ちで使う。

## 14 ゆっくり

開いた2指の両手を胸の前からゆっくり下げていく。

**例文**
- 3月で退職する友人に、第二の人生をゆっくりと過ごしてほしい。
- 慌てないでゆっくり食べてね。

## 15 住所

指文字「ク」を脇から前に出して、他方の手のひらに小指側からおく。

**例文**
「引っ越したんだって？ 住所教えてよ」

## 16 バチ

指文字「ム」を両手で表現し、一方の人差し指を他方に打ち付けた後に下ろす。

**例文**
- 社長になったが威張ってばかり、バチがあたり経営悪化した。
- あそこで写真を写すとバチが当たるよ。

**ワンポイント**
過去と未来の両方で使う。

中
国
…
島
根
県

177

## 17 様変わり

あごに4指を軽く当てた後、下ろす。

## 18 面倒

こめかみに当てた親指を他の指とともに下に下ろす。

## 19 子どもっぽい

額に当てた親指を左から右に滑らせながら移動させる。

岡山県

イラスト：たけしまさよ
岡山支部　井田 睦子

## 1 なぁんだ

> **例文**
> 「この間、事故にあったって？」「あぁ、転んだだけだよ」「なぁんだ！（心配して損をした）」
>
> **感情**
> そんなことだったのか！、〜して損をした！

両手をグーにし、体の前で右手を左手にポンとぶつける。
両手を開き、体の前にし、物を捨てるように下に振り落とす。

## 2 遊ぶ

> **例文**
> 「昔、何して遊んだ？」「う〜ん、よくかくれんぼとかして遊んだなぁ」

腕を体の前で交差させ、手のひらを開いて、ひらひらさせながら、体の前を一周回す。

## ③ 旅行

例文
「今度の旅行、どこ行きたい?」「岡山に行ってみたいな!」

右手を目の辺りで、左手を肩辺りで、指文字「メ」をつくる。その輪をはじきながら、上下交互に動かす。

## ④ うらやましい

例文
「毎日、忙しそうだね。」「暇な人が、うらやましい…」

感情
「自分も相手と同じようになりたい。したい」という感じ。

鼻の前で親指をまげて(手話表現で数字の〔50〕をつくり)、小さく動かす。

## ⑤ 何で知っとん? (知ってるの?)

例文
「(今日の集まりはあの人には連絡してないはずなのに…) 何で知っとん?」

感情
本当は知って欲しくなかったのに、相手が知ってしまったときに使う。
少し迷惑そうな表情で。

胸にパーの手を付け、下に下ろすの手話表現〔知っている〕。グーの手を頬に当て、前に出すと同時にパッと開く。

## 6 からっぽ！

手のひらをパーにして、お腹の辺りに置いた左手に、右手を上からぱちんと振り下ろしたのち、はね上げる。

例文
（部屋のドアを開けて）「誰もいない！（からっぽ！）今日は、確かサークルの日なのに」

感情
本当はいるはずの人がいないときに使う。少しビックリして驚いたのと、「あれ？」という不思議そうな表情。

---

## 7 多い

両手とも、指文字「メ」をつくり、鼻の前で、その輪をひっ付ける。両手を前に広げながら出し、その輪をパッと開く。

例文
①今日の宿題は、多過ぎる（まいった！）。
②いろんなことを頼まれてしまって大変（まいった！）。

感情
もう手も足も出ないという感じ。「どうしよう…」という困った表情。

---

## 8 あきらめる

両手をグーにし、右手は鼻の前、左手はお腹の前におく。右手を左手のグーに振り下ろし、くっ付く瞬間に右手をパーに開く。

例文
「呑みに行かない？」「一緒に行きたいけど…仕事が残っているので諦めます」

表情
あまり良い意味では使わない。とても残念そうな表情。

中国
…
岡山県

181

## 9 失敗・ミス

右手の小指を立てて、手の甲を前にし、頬に付ける。
口の方へ頬をなぞる。

## 10 いい加減

両手をグーにし、右手はやや上、左手はお腹の前におく。右手を左手のグーにかするように、左の方に早く動かすと同時に、手をパッと開く。

## 11 おもしろい

指文字「メ」をつくり、鼻の横で2回振る。

## 12 仕方ない

例文
「仕方ないなぁ、手
伝いに行くよ」

両手で2回拍手をして、両手の手のひらを上に向けて広げる。

## 13 趣味

例文
「私の趣味は食べ歩
きよ」

右手人差し指をこめかみに付けて、両手の全指を曲げてお
互いにねじる（顔の近くで）。

## 14 ごめんなさい

例文
「大切なお皿を割っ
てしまって、ごめん
なさい」

右手の甲を左手親指と人差し指の間へ2回付ける。

中国 … 岡山県

183

## 15 気をつけて

指文字「メ」を口の下に2回付ける。

例文
「お金をだまし取ら
れないように気をつ
けて」

---

## 16 なかなか

人差し指を鼻の横に当て他の指を開いたり閉じたりする。

例文
「遅いなぁ、2時の
待ち合わせなのに、
なかなか来ない」

---

## 17 どうして

片方の手のひらを前方横に向けて少し振る。

例文
「どうして、(これを)
したらいけないの?」
(何で?　何で?)

# 18 こわい

5指を少し曲げて親指側をこめかみに2回付ける。

## 古い手話の息づかい

　岡山県聴覚障害者福祉協会は、全国手話通訳問題研究会岡山県支部と協力し、2008年7月20日、4年間の歳月をかけて『岡山の手話』を発行しました。

　全国に広まっている手話や、多くの人が使っている手話を使う方が魅力的に思えてしまいがちです。一方で、地域でしか使われない手話や古い手話は、人々の記憶から忘れ去られようとしています。そんな中で、古い手話にもそれを使った人々の息づかいがあり貴重です。そこで、保存の意味も込めて、『岡山の手話』を発行しました。この『岡山の手話』に掲載されている手話の中から幾つかを本書に紹介しています。手話を学んでいる人にとって、『岡山の手話』に掲載されている手話表現を通して、ろうあ者の生きた時代を知るきっかけになればと思っています。

　『岡山の手話』は、岡山県聴覚障害者福祉協会が販売しています。（全国手話通訳問題研究会岡山県支部）

中国 … 岡山県

# 広島県

イラスト：広島支部　天部 テルミ

## 1 ちょびっと（極わずか）

あごの下から軽く曲げた5指を出しながら、親指と人差し指をはじく。

## 2 なぜ

手話表現〔つくる〕を一度表して、右手を広げながら前に出す。

## ③ 旅行

例文
「修学旅行は何時集
合だっけ？」

人差し指を下に向け、交互に上下させる。

## ④ 勉強

例文
「最後の追い込み、
合格目指してガンバ
ルゾ！」

親指を立てた右手を、腹の辺りでゆっくり前後させる。

## ⑤ ちょうど

例文
「ちょうど良かった！
時間ピッタリよ！」

人差し指と中指を合わせ、額の辺りに２回当てる。

中国 … 広島県

187

## 6 どうしよう（困った）

口の横辺りを軽くかく。

**例文**
「どうしよう…。
財布がからっぽ…」

## 7 見てない

目の下で指文字「メ」をつくり、2～3回はじく。

**例文**
「座卓の上に置いて
た菓子箱、知らな
い？」
「知らないよ（見て
ない）」

## 8 いっただきー

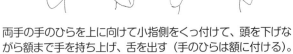

両手の手のひらを上に向けて小指側をくっ付けて、頭を下げな
がら額まで手を持ち上げ、舌を出す（手のひらは額に付ける）。

**例文**
（しめしめ）「いった
だきーよ♪」

**ポイント**
得をしたときの表情
で。

# ⑨ あり得ない

例文
「白寿であの若さ…
ありえない」

親指と人差し指で指文字「レ」をつくり、親指を胸の上部
に当てる。

# ⑩ 退屈

例文
「話がさっぱりわか
らないわ…退屈」

中指で小鼻を2〜3回たたく。

中国…広島県

## 「がんす言葉」と広島手話

　広島の方言性を色濃く残している「がんす言葉」、今は普段の会話の中で
はほとんど耳にする機会が無くなりましたが、手話でも地域の独自性をもっ
た表現を目にする機会は減ってきています。時代を映して変遷する「言葉」
がもつ宿命でしょうか。広島の手話を選ぶに際して、40年前、手話初心者の
私に茶目っ気たっぷりに手話を伝授してくださった、あの人この人の表情や
身振りが懐かしく思い出されました。「聞こえないことは不便だけど不幸では
ない」と教えられ、胸にストンと落ちたのが私の手話の原点です。思いを伝
える手段の大切さをあらためて感じます。（特定非営利活動法人広島県手話
通訳問題研究会　天部テルミ）

山口県

イラスト：たけしまさよ

## 1 あんまり（あまり）

①

①両手をグーにし、お腹の
辺りに置いた左手に、右
手のグーを打ち付ける。

②右手をパッと開きながら
右側に下ろす。

**例文**
「そんな言い方はひ
どいわ」

②

①右手の親指と人差し指を軽く
まげ（手話表現〔固い〕）右の
目の下に人差し指を付ける。

②細かく左右に2～3
回揺らしながら下に
下ろす。

**例文**
A：「昨日の追突事
　故、見た？」
B：「見た！　車がぐ
　しゃぐしゃだった
　ね～」

190

# 2 たびたび

①

軽く開いた右手の甲が内側になるように手首を返し、小指で右の鎖骨を2回たたく。

例文
A:「保育園のお迎え時間にまた遅れちゃった」
B:「お母さんやっと来たよ」
A:「たびたびすみません」

②

手を軽く握り、人差し指と親指を繰り返しはじかせながら上に上げる。

例文
A:「こんにちは」

（数時間後）

B:「こんにちは！」
A:「あら？　よく会うわね」

③

両手とも、指文字「メ」をつくり、打ち付け、弾かせながら下に下ろす。

例文
「また、トイレに行くの？」

中

国

…山口県

191

## ③ あこがれ

例文
「きゃー！ この俳優ステキ！」

左手は親指を立て、ひじを軽く伸ばし自分の目線より少し上におく。右手は、親指と4指であごを軽く包むように添え、左手の親指付け根辺りまで弧を描くように伸ばしていく。

## ④ すごい

例文
「この人すごい大きいなぁ〜！」

表情
頬をすぼめて「ほぉ〜」と感嘆の表情。

ワンポイント
対象がある場合、それを目で追いながら仰向けに反っていきます。

右手を軽く曲げ、4指の第2関節付近で右の頬を2〜3回こする。同時に頬をすぼめる。

## ⑤ 醜い、みっともない

例文
「おへそなんか出して、んもうあの子ったら…」

表情
眉間にしわを寄せて顔をしかめながら…。

軽く開いた右手の中指をこめかみに当てたまま軽くねじる。

## ⑥ なんだそれ？

①軽く開いた右手の甲を胸
　の位置で自分に向ける。

②外側にクルッとねじりな
　がら手の先をすぼめ、同
　時に右の頬をふくらます。

例文
（意味不明なことや、
不快なことを言われ
たときに）
「何を言っているん
だ？」

## ⑦ 待ち遠しい

右手で指文字「メ」をつくり、左手は開いて、小指側を自
分に向け両腕ごと左右に揺らす。

例文
「まだ来ないのか
なぁ〜」

中
国
…
山
口
県

# 四　国

香川県

徳島県

愛媛県

高知県

# 徳島県

イラスト：たけしまさよ

## ① 前もって

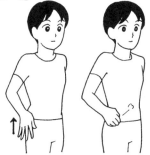

横腹辺りをつかむように握りこぶしをつくり、腹にそのまま打ち付ける。

例文
道に迷わないように、前もって目的地の地図を確認する。

## ② まずい

①握りこぶしの甲をあごに当てる。　②すばやくぱっと開く。

例文
「あそこのラーメン屋さんはまずいよ」

## 3 歳

丸めた両手を擦り合わせる（もちを丸める仕草をする）。

**例文**
「孫は5歳になるけど、私はこれでも48歳のおじいちゃんなんだよ」

**語源**
正月の鏡餅をまるめることからきている。

## 4 おこる

①開いた右手の甲を左頬に当てる。　②すばやく握る。

**例文**
「あなたどうして怒った顔をしてるの?」

## 5 うれしい

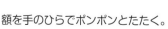

額を手のひらでポンポンとたたく。

**例文**
A:「まあ、かわいい。息子さん?」
B:「孫なんですよ。若く見られてうれしいな!」

**ワンポイント**
うれしくて仕方がない。有頂天のときによく使う表現。

四国 … 徳島県

## 6 ばれる

例文
A :「授業中、早弁し
　　たろ」
B :「え！　なんでバ
　　レたの？」

右手を、手話表現〔仕方がない〕の形にし、左胸に1回打ち付ける。

---

## 7 じょうだん

例文
A :「私が35歳のと
　　きの子どもで」
B :「まあ、そうです
　　の」
A :「いや冗談です。
　　これは孫です」

ワンポイント
嘘とか本当とかを言うときに使う。

胸の前で、左手の甲を右手で軽く2回たたく。

---

## 8 じゃま

例文
舞台の花がじゃまで手話通訳者がよく見えない！

①指文字「ケ」の形にし、親指をおでこに当てる。

②おでこを4指で2回たたく。

## 9 借金

①右手でピストルの形をつくり、左手は右手人差し指の先を隠すようにおく。

②右手人差し指をすばやくまげる。

**例文**
行きつけの飲み屋で、お金がなくて、付けにしてもらうときに、「おやじさん！すみませんが金、付けといてもらえますか？」。

**ワンポイント**
女性はあまり使わない。

## 10 絶句

両手を肩の前で握り、勢い良く親指と人差し指をはじく。

**例文**
親しげな2人のあまりのようすを見て絶句！

四国

…徳島県

199

# 香川県

イラスト：たけしまさよ
三重県　今西 裕紀

## 1 勉強

両手を顔の横におき、軽く前に出す。

例文
「試験前だから勉強
がんばらなくちゃ！」

## 2 家に帰る

①両手で屋根の形をつく
る（手話表現〔家〕）。

②両手人差し指を前に出
す。

例文
「もうこんな時間だ
…。
遅くならないうち
に、家に帰ろう」

## ③ 驚く

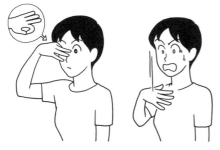

指文字「メ」をつくり額の前におき、勢いよく下に下ろし
ながら、手のひらを開く。

**例文**
A:「そこでなにして
るの?」
B:「うゎっ! 誰も
いないと思ったの
に!」

---

## ④ 値段が高い!

①4指をつけた手のひらを、
首に軽く打ち付ける。

②体の前方で右手で指文字
「メ」をつくり、左手の
ひらの真ん中に当てる。

**例文**
「えーっ! これこん
なに高いの⁉」

**ワンポイント**
②…金額が高いと
きは、当てる回数が
多くなります。

---

## ⑤ すごい!(速い! 動きがスムーズ!)

4指をつけた手のひらを右頬に当て、そのまま右方向へ動
かす。

**例文**
「あれ⁉ もう洗い物
終わったの?
速いねー!」

**ワンポイント**
表現する内容によっ
て動きが速くなった
り、ゆっくりになっ
たりします。

四

国

…香川県

## 6 いる（必要、ほしい）

人差し指を、口元付近から　　　　　横から見ると…
手首を軸にして振り下ろす。

**例文**
A：「これ食べる？」
B：「うん。食べる食
　べる」

**ワンポイント**
気持ちが強いとき
は、素早く繰り返し
ます。

## 7 ぴったりだ

人差し指と中指をくっ付けて、他の指は軽く握り、肩の前
辺りで軽く振る。

**例文**
時間通りに来たな！
ぴったりだ！

## 8 合わない

①体の前方に、軽く握った両手を　②勢いよく親指と人
　前後におく。このとき、親指と　　差し指を開き、軽
　人差し指は付けておく。　　　　　く揺する。

**例文**
「ねえ君、ボタンかけ
ちがえているよ」

## 9 やれやれ

手のひらを額に付け、そのまま外側へ払うようにする。

## 10 行ってみよう

4指を付けた手のひらをあごに当て、4指であごを軽くなでるようにする。

## 11 こわい

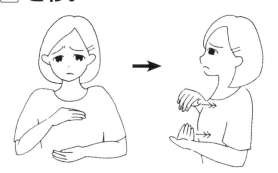

両手のひらを向かい合わせ上下に置き、身体に2回付ける。

四国

…香川県

203

## 12 うっとうしい・うるさい

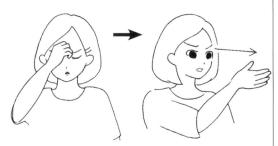

顔をしかめ5指をつまみ額に当て、開きながら
前へ出す。

**例文**
訪問販売の人が何度も来て
うっとうしい。

**口形**
最初が「ウ」で、手を前に出
したときは「サ」になる。

**語源**
「目の上のたんこぶ」を取り
除くことから。

**表情・視線**
最初の動きでは目は閉じてい
る、次の動きで目を開ける。

---

## 13 ごめんなさい

指文字「ホ」を鼻に当て、頭を下げる。

**例文**
「うそをついてごめ
んなさい」

**ワンポイント**
もう二度としない、
許してほしいときに
使う。

**表情・視線**
目は閉じている。

---

## 14 適当

人差し指を口角からこめかみに付け、舌を少し出す。

**例文**
味付けは適当にして
料理を作った。

**表情・視線**
視線は定めない（あ
る空間を見ている
感じ）。
「まぁ、いいか」と
いった表情。

## 15 間違えた

右手親指をアゴに付け、前に伸ばした4指を左右に揺らす。

例文
計算を間違えた。

表情・視線
「失敗した」という
感じの表情。

## 16 無視

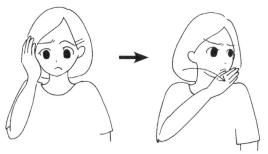

手のひらを右頬へ当てる。　当てた手のひらと顔を左へ
　　　　　　　　　　　　　素早く動かす。

例文
けんかをしていたの
で無視した。

表情・視線
「プィ」と顔を背け
る感じ。
視線も顔の向きと
同じ方向に。

## 17 大好物・食べる

こぶしの親指側をアゴに2回当てる。

例文
みかんは大好物なの
で毎日食べる。

ワンポイント
「大好物」「食べる」
の違いは表現の速さ
で、速いほうが大好
物。

表情・視線
視線は下（食べ物を
見ている）。

四国
…香川県

## 18 （喉が）渇く

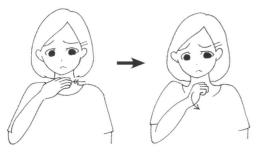

手のひらで、喉下を
2〜3回なでる。

喉下につまんだ2指
を当ててひねる。

**例文**
辛い物食べ過ぎて、喉が渇
いたのでたくさん水を飲ん
だ。

**ワンポイント**
2つ目の表現だけで「喉が
渇く」と使う人もいる。
服が「乾く」の手話もこの
手話を使う場合もある。

**表情・視線**
目を細める。

## 19 きたない

親指の指先をアゴに当て、2回前へ出す。

**例文**
妹の部屋は服を脱ぎ
ちらかしていて汚い。

**表情・視線**
視線は「きたない」
ものを見ている。
気持ち悪い、信じら
れない、受け入れら
れないという気持ち。

## 20 見ている・見られている

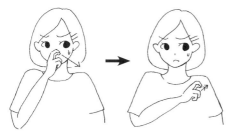

指文字「ロ」を鼻から
前に出す。

前に出した指文字「ロ」
を、肩前に移動し2回
付ける。

**例文**
「何を見ているの‼」
**ワンポイント**
内緒の話や隠し事、秘密の話を
しているときに使う。
**語源**
もともとは「スパイ」の手話。
**表情・視線**
視線は見ている相手に向けられ
る。
例）2人で話をしているとき、
別の人がそれを盗み見している
とき、その相手に視線を向ける。

# 愛媛県

イラスト：たけしまさよ
兵庫支部　前田 厚子

## ① 違う

**例文**
A：「クリスマス会、
　　明日だったよね?」
B：「違うよ!　明後
　　日だよ」

「まったく違う」と
表現するときには、
右手をはね上げる
ように表現する。

体の前で両手の甲を合わせ、軽くたたく。

## ② どうして?

**例文**
A：「昨日、そこの
　　スーパーで買い
　　物してた?」
B：「どうして?」
A：「似てる人を見か
　　けたから…」

手話表現〔仕方ない〕の動きを、手のひらを下に向けて表
現する。

## ③ すごい！

右手の手のひらを左に向け、腕をまげて、顔の横に手のひら引きよせる。

例文
A：「昨日、どれくらい勉強した？」
B：「8時間くらいかな」
A：「え‼　すごい‼！」

## ④ 見のがす

①目の前で指先を前に向け、右手人差し指と中指を軽くまげる。

②手首をねじって、指先を目の方に向ける。

例文
「あ〜！　あんな良い席が空いていたのに見のがしてた。残念」

## ⑤ ためす

手を軽くつまみ、頬を軽くたたく。

例文
A：「この方法もうまくいかなかったね」
B：「じゃあ、こっちの方法も試してみようよ」

## ⑥ わざわざ

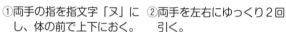

①両手の指を指文字「ヌ」に
し、体の前で上下におく。

②両手を左右にゆっくり2回
引く。

**例文**
A：「今日はどちらか
　らおこしですか?」
B：「愛媛からです」
A：「遠い所からわ
　ざわざ…ありがと
　う」

## ⑦ 早い

手を軽く開き、少しはなした所から、鼻の頭に4指を軽く
くっ付ける。

**例文**
「あれ?　まだ約束ま
で30分もあるよ?
早く来てるね」

「早く!　早く!」と
表現するときには、
鼻の前で4指を速く
動かして表現する。

## ⑧ でたらめ

体の前で左手を軽く握り、その上を、人差し指を出して軽
くにぎった右手でポンポンとたたく。

**例文**
「あいつの言ってい
ることはいつもでた
らめだ」

四
国

…
愛
媛
県

# 9 しまった！

①右手の親指、人差し指を
　出し、他の3指を軽く握
　る。

②親指と人差し指をあごに
　くっ付ける。

**例文**
A：「今日の会議の
　　資料作ってくれ
　　た？」
B：「しまった！　忘
　　れてた！」

**表情**
体を少しのけぞらせ
ながら表現する。

---

# 10 な〜んだ

①右手の親指、人差し指を出し、
　他の3指を軽く握り、あごに親
　指と人さし指をくっ付ける。

②指をあごから離し、
　前に出す。

**例文**
A：「昨日、事故に
　　あったんだって？」
B：「自転車でこけた
　　だけだよ」
A：「なーんだ。心
　　配してソンした」

---

# 11 毎日

腰の辺りから数字の1から順に表しながら上げていく。

**例文**
毎日朝礼がある。

**ワンポイント**
少しずつ指を広げな
がらあげていく。

**語源**
数字を積み重ねてい
く。

## ⑫ しつこい

鼻の横に人差し指の側面を当て、斜めに2回上下させる。

**例文**
断ったのに、何度も来てしつこい。

**ワンポイント**
「汚い」の手話と似ているが口形をしっかり表す。

**語源**
「汚い」の手話からの変化形。

---

## ⑬ 先を越された

しっかり見てなくて、最後のお菓子を取られた様子

人差し指と中指をまげ、目と鼻の間に素早くおく。

**例文**
最後の一つを食べようとしたら、友達に先を越された。

**ワンポイント**
顔の表情が大事。口形は「い」。

**語源**
しっかり見ていなくて、見るのが遅れた。

---

## ⑭ そこまでやるの

縦に開いた手を素早く引き寄せる。

**例文**
（家庭訪問の先生のお菓子を）「そこまで準備するの？」

**ワンポイント**
手を引き寄せるときは早くする。

**語源**
自分はそこまでできないから、手を引きそうになる。

## 15 必死

指をやや曲げた手を、頭の両側から手首を返すようにして、指先を胸に向ける。

**例文**
提出期限が明後日に迫り、必死で仕上げた。

**ワンポイント**
顔の表情は厳しく、勢いよく手首を返す。

**語源**
頭のアンテナを全部そこに集中して行う。

---

## 16 冗談

舌を口の端から少し出し、相手に向けた手を素早く引き寄せて指文字の「コ」の形にする。

**例文**
「…このように計画しています」というのは冗談。

**ワンポイント**
相手をからかうときに使用するので、表情は穏やかに。

**語源**
「アッカンベー」の変化形。

---

## 17 休み

※17から18まで、今治市大島の手話だが健聴の漁師仲間とも通じる

網を何かに掛けて干す動き。

**例文**
今日は仕事は休みです。

**ワンポイント**
漁師が網を干すので、おんぶのような動き。

**語源**
網を干すのは漁が休みのとき。

# 18 忙しい

指先を上に、跳ね上げる動作を交互にする。

**例文**
今日はとても忙しい。

**ワンポイント**
大漁で魚が網の中でたくさんはねている様子で、勢いよく表現する。

**語源**
魚が網の中でたくさん跳ねているときは漁師は忙しい。

# 19 遊び

小指の側面をポンポンと2回当てる。

**例文**
遊びに行こう。

# 20 後で

おしりをポンとたたく。

**例文**
それは、これが終わった後にします。

**ワンポイント**
体を斜めに傾け、少しおしりが見えるようにしてポンと軽くたたく。

**語源**
「後」は「うしろ」とも読め、体のうしろはおしりなので使用。

四国 …愛媛県

## 高知県

イラスト：たけしまさよ

## 1 ほらね、そら見ろ

指文字「ム」の親指をあごに当て、前に出す。

**例文**
「ほらね、言った通りでしょー」

**口形**
口形は「ピ」。

## 2 そうなんだ

①開いた手のひらを下に向け、人差し指を頬に当てる。

②手のひらをすぼめながら、前に出す。

**例文**
A：「昨日一緒に歩いていた人って、恋人??」
B：「違うわよー。兄よ」
A：「なあんだ。そうだったの」

## ③ なに考えているの？

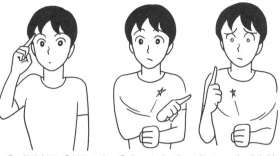

①手話表現「考える」、②立てた左手こぶしに、右手人差し指を数回当てる。

例文
A：「今の仕事、辞めようかと思って…」
B：「なに考えているのよ。ついこのあいだ始めたばかりじゃない」

## ④ どうして

両手人差し指を軽くまげ、前後の位置をずらして数回前に出す。

例文
A：「おかあさん、お小遣いちょうだい」
B：「どうして？　昨日あげたばかりでしょ」

## ⑤ しばらく

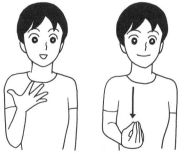

開いた手のひらを胸の前におき、すぼめながらゆっくり下ろす。

例文
しばらくの間、仕事をお休みします。

四国
…高知県

## ⑥ 少し

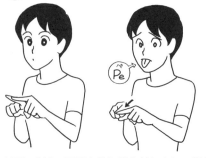

手のひらを下に向け、両手人差し指を前に出し、指先を下げる。

## ⑦ 真っ青になる

手のひらで頬をたたくしぐさをする。

## ⑧ 真似る

人差し指と中指を揃えて、額の横辺りに当てる。

# ⑨ 分からない

例文
「抽象画は、さっぱり
分からないわ…」

5指を揃えた手で、頭を上から下になで下ろす。

# ⑩ 有名

例文
「高知で有名な人と
言えば、誰？」

右手で指文字「メ」を作り、手のひらを下に向けた左手の
上に乗せ、両手とも上に上げる。

四
国

……高知県

217

# 九　州

福岡県

佐賀県

長崎県

大分県

熊本県

宮崎県

鹿児島県

沖縄県

# 福岡県

イラスト：たけしまさよ

## ① でたらめ

両手をすぼめて、頭の横から回しながら前方へ下ろす。

**例文**
A：「彼が言っていた
　　ことは、どうだっ
　　た？」
B：「とんでもない！
　　まったくのでたら
　　めだったよ」

## ② 秘密

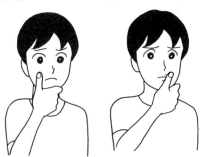

4指をまげて、右手親指の腹で唇を強く右から左になぞる。

**例文**
A：「このことは絶対
　　に内緒だよ」
B：「分かってる。二
　　人だけの秘密ね」

## ③ すごい

4指をまげて右眉毛の上辺りに当て、ゆっくり右へ動かす。

例文
A:「昨日のサーカス
　見た?」
B:「すごかったよ
　ね!　ハラハラし
　ながら見たよ」

---

## ④ 納得できない

右手こぶしを立てて、回す。

例文
A:「ですから、この
　ように大変お得な
　んですよ」
B:「う～ん。どうも
　納得いかないなぁ」

---

## ⑤ 遅れた

右の頬を、右手のひらで強くたたく。

例文
せっかく走ったのに
乗り遅れてしまっ
た!

## 6 誰？

例文
A:「ちょっと！ さっき話してたあの彼、誰!?」
B:「え？　会社の同僚よ〜」

親指と人差し指を前に出し、人差し指を軽く動かす。

## 7 ていねい

例文
A:「記念講演の講師が来られたよ」
B:「心を込めて、おもてなしをしてくださいね」

両手のひらを上にして、お腹の前からゆっくりと前に出す。

## 8 うっかり

例文
「あ！ うっかりして財布を忘れてきてしまった…！」

4指を揃えた手のひらを横に向け、親指をあごの下に当てる。

# 9 反省

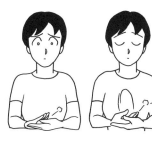

①右手人差し指をこめかみ
に当てる（手話表現〔考
える〕）。

②左手のひらに右手のひら
を当て、ゆっくり返して
手の甲を当てる。

例文
A:「もうこれから
　は、いたずらしま
　せんね！」
B:「はい…。反省し
　てます…」

# 10 つまらない

右手人差し指と中指を、顔の前で2～3回揺らす。

例文
「この映画、前評判は
すごかったけど、実
際はつまらないわね」

---

## 福岡県手話通訳問題研究会のオリジナルDVD

　『読み取り教材ビデオNo.1～3』は福岡県手話通訳問題研究会オリジナル
DVDです。ろう運動の歴史、魅力ある手話表現を記録する価値ある内容です。
続編は検討中です。

九
州

…
福
岡
県

佐賀県

イラスト：佐賀支部　村田 三枝

## ① ひやか〜（寒い）

例文
「今日はひやかね〜」

立てた小指を鼻の横に2度おく。

## ② 強い

例文
「あいつは強そうだ」

語源
ミサイルをもはね返す「鉄人28号」の様子から。

① 　②

両手人差し指を立てて、胸の前ではじき返す。

## ③ （私は）信じない

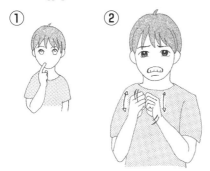

両手こぶしを胸の前で前後にすり合わせる。

## ④ 何？

手のひらを表に向けて、片方の親指で強く2回ほどたたく。

**例文**
「それはいったい何!?」

**ワンポイント**
強い口調のときに使う。

## ⑤ ばかね

両人差し指をこめかみに付けて、そのまま下ろす。

**例文**
「こんな簡単な問題も解けないなんて、ばかね」

九州

……佐賀県

225

## 6 こわくて言えない

親指を立てて下あごに当て、前に出す。
（〔乏しい〕の手話表現と同様）

例文
「この上司には恐くて言えない…」

ワンポイント
遠慮がちな表情で。

## 7 早く

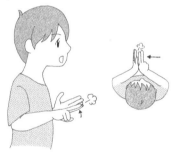

右手は手の甲を上にして人差し指と中指を立て、手のひらを横に向けた左手に2、3度当てる。

例文
「早くおいで！」

## 8 昭和

① ②

右手の甲を左手のひらに2、3度当てながら右へ動かす。

例文
「昭和20年生まれです」

語源
戦後、情勢の移り変わりが激しい時代だったことから。

## ⑨ あり得ない

例文
「あの弱小チームが優勝するなんてあり得ない!!」

指文字「メ」を口の前に置き、その手を広げながら弧を描く。

## ⑩ 繰り返し

例文
「繰り返し説明します」

指先をすぼめながら右肩から引く動作を繰り返す。

九州

……佐賀県

## 長崎県

イラスト：たけしまさよ

### 1 偶然

ポ
Po!

開いた手の甲を前に向け、頭の横に軽く当てる。

例文
「やぁ。偶然だねぇ」

口形
「ポ」をつける。

### 2 危ない

① 手のひらで肩の辺りを2回なで上げる。

② 手のひらで胸から肩の辺りを大きく1回なで上げる。

例文
出会い頭でぶつかるかと思った！「危なかった〜」。

## ③ 遊ぶ

例文
「遊びに行こうよ〜」

手のひらを下に向けて胸の前で交差させ、数回上下に動かす。

## ④ 大したことない（これっぽっち）

①右手2指を鼻の横に当て
　る。

②右手2指で左手のひらを
　2回たたく。

例文
おやつをたくさん食
べられると思ってい
たのに…。「これっ
ぽっちなの？」。

## ⑤ 〜したばかり

こぶしを、あごの下の左から右へ動かす。

例文
「今床を磨いたばか
りなのに、汚され
た！」

九州
…長崎県

## 6 ウソばかり

①両手５指をつまんで指先を頬に付ける。

②両手５指をつまんだまま指先を前に向け、２回下に下ろす。

例文
「あなた、またウソついたでしょ！」

## 7 旅行

両手人差し指を上に向け、顔の横辺りで外側に２回まわす。

例文
「この間卒業旅行に行ってきたのよ〜」

## 8 うれしい

親指と人差し指を、鼻の前でつまんだり離したりする。

両手のひらを鼻の脇において、小刻みに動かす。

例文
「宝くじが当たったの！　うれしいわ〜」

## 9 つらい

例文
「この姿勢のままモデルをするのはつらい…」

右手2指を、鼻の前から2回下に動かす。

---

## 10 遅い

例文
「20分も前に注文したのに、まだ料理が出てこない！」

手のひらで胸を強く2回たたく。

---

### 手話表現に見えるきこえない人たちの暮らし

　全国手話通訳問題研究会長崎支部の「手話掘り起こし班」は、4地区（長崎・諫早・大村・佐世保）の班に分かれて、ろうあ協会の行事や日常活動の中で、地域の手話の取材・収集活動に取り組んでいます。

　また、班の活動内容やこれまで収集してきた手話などを、地域手話サークルでの出前講座で紹介したり、支部ニュースにイラストを掲載するなど、保存・普及活動を行っています。

　手話表現の背景を学ぶことは、きこえない人たちの暮らしを学ぶこと。現在、これまで収集してきた手話を『長崎の手話』の冊子にまとめ、記録に残す作業をしています。（全国手話通訳問題研究会長崎支部）

九州

…長崎県

# 熊本県

イラスト：たけしまさよ
熊本支部　森田 文子

## 1 なんばしよっとかい？

**例文**
① （相手のミスに対して）「この漢字間違ってるじゃない！なんばしよっとかい？」
② （ミスをした自分に対して）「反省…」

**表情**
表情によって自分に対してなのか、相手に対してなのかを表します。表情がとても大切。

①こめかみ辺りに、両手の人差し指か中指を当てる（ろう者は中指で表現することが多いという）。

②手のひらを向かい合わせにして、両手を軽く振るように前に出す。

## 2 しっかりして！／注意して！

**例文**
① （①-①「なにやってんの？」に答えて）「ちゃんとしとるばい！」
② 「トイレに行ってくるから、この荷物見ておいて！」
③ 「遅くなっちゃったから、気をつけて帰ってね」

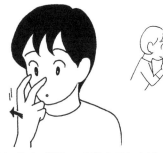

手話表現の数字〔20〕の指先を目に向け、左から右に力強く1回動かす。

## ③ 終わり

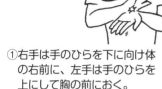

①右手は手のひらを下に向け体
の右前に、左手は手のひらを
上にして胸の前におく。

②右手を左手に打ち
付けて、ななめに
はね上げる。

**例文**
「ご飯食べ終わった。
お腹いっぱい！」

**表情**
口形「ポ」をつける。

**語源**
学校の先生が授業を
終えて、本を閉じる
しぐさからこの表現
ができた。

## ④ 間に合う

①左手は手のひらを上に向けて、
体の正面におく。その上に、右
手をパーのまま振り落とす。

②一度手を上げて、人
差し指だけを立て
たまま振り落とす。

**例文**
・「電車に間に合っ
た！」
・（急なお客さんで
ケーキが５個しか
ない。お客さんも
ちょうど５人）
「（数が）間に合っ
た！」
**表情**
「間に合って良かっ
た」というホッとし
た表情で。

## ⑤ 便利

体の前で手首は動かさずに、手の甲を前に向けて、手を２
回下に振り下ろす。

**例文**
「うわ～！　パソコ
ンって便利だな～」

**語源**
昔、ろうあ者の仕事
は手作業がほとん
どでした。機械化等
で手作業の仕事が楽
になり、手を使わな
くてもよくなったこ
とから、この表現に
なった。

# 6 なんでや？　そらないだろう！

①顔の辺りで人差し
　指を立て、上を指
　す。

②両手を開き、右手を上、左手
　を下におき、胸の前辺りで両
　手を2回こすり合わせる。

# 7 何回も～する

①次々に～する、よく～する（時間や期間に関係なく）

右手を右胸辺りにおき、指を1本1本広げながら（1. 2. 3.
4. 5と）、上に上げていく。

**例文**
「よくコーヒー飲む
ね～」

（「あなた」＋「コー
ヒー」＋「飲む」＋
「何回も～する」）

②一定時間内に回数が異常に多い場合の表現

右手を右胸辺りにおき、人差し指を親指で少しはじきなが
ら、上に上げていく。

**例文**
「夜、お腹が痛くて、
何回もトイレに行っ
たよ」

（「夜」＋「お腹」＋
「痛い」＋「トイレ」
＋「行く」＋「何回
も～する」）

# 8 いやバイ！（絶対にいや！）

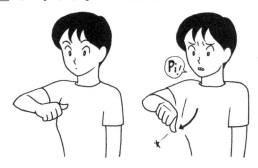

右手親指を胸に付け、手首を返しながら前に出す。

**例文**
「この荷物を入り口まで運んでくれない」「いやバイ！」

**表情**
「絶対にしたくない」という感情を込めて、顔をそむけながら表現する。
口形「ピ」をつける。

## 勘弁して

「いやバイ！」の表現を小さく繰り返して表す。

## ☆こんなのもあるんです！

（口形）頬を片方膨らませる…いる？
　　　　ピ…いらない？

手がふさがっていて、手話で話ができないとき、みなさんどうするか？
手に持っているものをどこかに置く…という意見が多いが、熊本では左の方法で、「いる？」「いらない？」と会話する。

答え方は「いる」ときは、頬を膨らませ、いらないときは、「ピ」で答える。手を使わずに伝わる表現。

九州 …熊本県

## 9 多い

①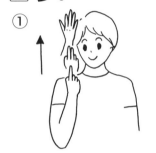

手の甲を相手に向けて、1→2→3…と順に指を開きながら上に上げる。

**例文**
お腹をこわして何回もトイレに行った。

**解説**
一定の時間内で見る回数がいつもより多いとき、その回数が増えていく様子。
※人や物の数（量）のときには使えない。

②

右手は指を軽くまげ頭の横に、左手は手のひらを上に向けて体の前に出し、右手の指を軽くまげた状態のまま振りおろし、左手の上にたたきつける。

**例文**
昨日、りんごをいっぱいもらった、うれしい。

**解説**
目に見える量が非常に多い様子。

## 10 黄

右手を開き、中指のみをまげた状態で額に付け、左に1回動かす。

**例文**
私は黄色信号でも真面目に止まる。

**解説**
①済々黌高校の学生帽の黄色い線。
②警察や軍隊の偉い人の帽子に入っている黄色い（金色）線。

## 11 葬式

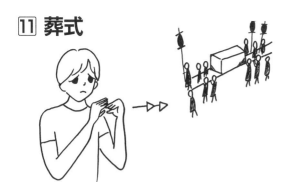

御神輿を担ぐような形を左肩の前につくり、そのまま2回前に突き出す。

**例文**
先日、葬式に行ってきた。

**解説**
人が棺を担ぐ、昔の葬式の様子。

## 12 〜た

体の前で左右の手のひらを図のように交差する。

**例文**
私は昨日、仕事がやっと終わって、飲みに行った。

**解説**
ろう学校の先生が、授業を終えて教科書を閉じる様子（口形は「ポ」。口形のみで表すことも多い）。

## 13 台なし

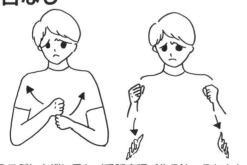

左右のこぶしを縦に重ね（手話表現〔作る〕）、それを左右に開いて、勢いよく手を開きながら下ろす。

**例文**
昨日、徹夜で仕事したのに、没になって台なしだ。

**解説**
「作ったものが捨てられた」ということを表している。

九州
…
熊本県

## 14 タイミングがいい

親指と中指で丸をつくり、他の指を前に向けて伸ばし、中指をはじきながら手前に素早く引く。

**例文**
「出かけるの？ ちょうどよかった！卵10個買ってきて」

**解説**
「ちょうどいい」＋「儲けた」の気持ちを表したもの。

---

## 15 びっくり

顔の前で左手の親指と人差し指で半円をつくり、その半円の中にまげた右手の人差し指を入れる。そのまま顔の前で2回上下させる。

**例文**
この前、携帯電話の請求書を見たら、3万円でびっくりした。

**解説**
「目を白黒させる」という意味と目の動きを合わせたもの。

---

## 16 放課後

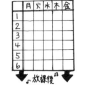

右手で手話表現の数字〔6〕をつくり、人差し指を前に向けたものを、手のひらを下に向けた左手を越えるように、前方に突き出す。

**例文**
中学生の頃は、放課後、野球ばかりしていた。

**解説**
学校の6時限以降が放課後なので「6」という数字を使う。

---

## 17 まさか

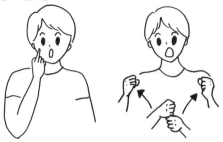

右手の人差し指の先を右目の下に付け（手話表現〔見る〕）た後、両手こぶしを上下に付け、左右に勢いよく引き離す（手話表現〔できない〕）。

**例文**
「○○君が東大に受かったって！」
「まさか！」

**解説**
ろう者は、聞こえないので目からの情報が大切。目で見たものと思うことが食い違うときに使う（見る＋できない）。

---

### 地域で生まれ育った手話ことば

「日本の手話いろいろ」の取り組みの中で、年配のろう者に表現の確認をしました。その中で、普段使っている手話の語源や、見よう見まねで使っていた表現の微妙なニュアンスの違い、本当に込められた意味合いを知ることができました。

「手話」は、その地域で生まれ育つ「ことば」であり、人と人とが面と向かってかわしあいながら、伝えていくものなのだということを感じました。

その大事な「熊本の手話」を、ニュアンスや語源、聞こえない人の思いも含めて伝えていけたらと思います。

かつて、九州ブロックでは、九州各県の手話を集めた『九州の手話』、『九州の手話Ⅱ』（食べ物編VHS）を発行しました（現在は販売していません）。

また、熊本県情報提供センターでは、熊本弁の手話単語を五十音でまとめた『熊本手話辞典DVD★BOX』を販売しています。（熊本県手話通訳問題研究会）

九
州

…
熊
本
県

# 大分県

イラスト：たけしまさよ
大分支部　園田　暢子

## ① あぶない

右手の人差し指と中指を立て、他の指は軽く握り、頭の横でななめ上下に動かす。

## ② 時間がない、間に合わない

①左手首を右人差し指で指す（手話表現〔時間〕）。

②右手親指を立て、鼻の前から右へ動かす。
※約束の時間が迫っているときほど、素早く動かす。

例文
「寝坊した！　時間がない！」

表情
口形は「ア」。

240

## ③ ついでに（ちょうど良かった）

右手を指文字「ホ」の形にし、頭の横に付ける。

## ④ ままごと

右手の人差し指と中指を立て他の指は軽く握り、軽くまげた指先を数回あごに付ける。

## ⑤ できない、引き受けられない

手のひらの人差し指側を顔の横に置き、そのまま手のひらを前へ数回倒す。
※「断る」度合いが高いほど、動かし方が強くなります。

九州
…大分県

## 6 ひんぱんに、何度も〜する

①右手人差し指を右目の下
辺りに付ける。

②親指と人差し指を2〜3回
すり合わせながら斜め上に
出す。

例文
「あらっ、奥様。よく
お会いしますわね」

---

## 7 よく〜できるね

①右手小指をあごに付ける
（手話表現〔かまわない〕）。

②右手人差し指で前を指す
（手話表現〔あなた〕）。

例文
A：「昨日バーゲンに
　　行ってきたの」
B：「また？　よく行
　　くわねー」

---

## 8 うらやましい

右手のひらを縦に向け、指の腹で鼻の頭をなでながら右へ
動かす。

例文
A：「あなた、ほっそ
　　りしていてうらや
　　ましいわ」
B：「あなたの方こそ、
　　ふっくらしていて
　　うらやましい！」

## ⑨ なつかしい（思い出す）

①右手人差し指で頭を指す（手話表現〔思う〕）。

②親指を立てた両手を胸の右前辺りで上下させる。

**例文**
A：「あっ、○○さん!?　20年ぶりくらいじゃない？」
B：「久しぶり！　小さいとき、よく一緒に遊んだよね。なつかしいなぁ」

## ⑩ 気をつける、注意する

右手親指と人差し指を開き、他の3指を軽く握る。そのまま親指と人差し指の指先をあごに付ける。

**例文**
「帰りは車に気をつけてくださいね」

## ⑪ 放課後

両手で指文字「ホ」をつくり、小指側を胸に当て、2度下に同時に動かす。

**例文**
放課後、ソフトボールの練習をしよう。

九州
…大分県

## 12 担任

両手のひらを合わせる。

**例文**
「担任はだれ？」

**ワンポイント**
口形は「うけもち」。
年配の人が使う。
最近のろう学校では
〔先生/担任〕の手話
表現になっている。

**語源**
一緒という手話か
ら。

---

## 13 寄宿舎

指文字「メ」をこめかみから2回前に出す。

**例文**
家が遠いので寄宿舎
に入った。

**ワンポイント**
「旅館」も同じ手話
表現。

---

## 14 カンニング

非利き手の肘に、利き手で指文字「メ」をつくり、矢印の
方向に2回動かす。

**例文**
消しゴムを使って、
カンニングした。

**ワンポイント**
試験のカンニング
だけではなく、バド
ミントンのサーブで、
ラインを超していた
のに審判が気づかな
かったときなどにも
使う（違反の意味）。

## ⑮ 失敗

両手人差し指と中指2指を口の前で横に引く。

## ⑯ 末っ子（ビリ）

両手で指文字「ム」をつくり、人差し指の先を合わせ、下に向けて左右に開く。

## ⑰ にせもの

利き手人差し指と中指の2指を下唇の下で、利き手の方に反転させる。

例文
きれいな花だったので近づいて見たら造花だった。

九州 …大分県

245

## 18 緊張する

利き手5指を胸の辺りに当てた後、利き手5指の先を非利き手の手のひらに2度当てる。

**例文**
司会を頼まれて緊張した。

**ワンポイント**
胸に手を当てるときは、人差し指の場合もある。

---

## 19 出張

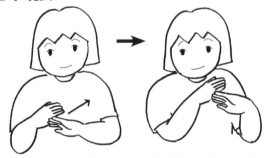

非利き手甲の上に、利き手、手のひらの小指側を乗せ、両手を同時に斜め上に動かす。

**例文**
施設長が挨拶の予定だったが出張でいない。

---

## 20 既製品（インスタント）

指文字「ヌ」で引っかけるようにひねる。

**例文**
おかずを作るのが面倒だから、お店で惣菜を買った。

**ワンポイント**
インスタントラーメンでも使えるが語順は逆。〔ラーメン/インスタント〕

**語源**
オーダーメードではなく、ハンガーにつるしてある既製服から、既製品全般に使われるようになった。

# 宮崎県

イラスト：宮崎支部　稲倉 里衣子

## ① 冷たい

両手をお腹の辺りで小刻みに上下させる。

例文
「さあ！ お風呂に入って温まろう」と湯船へ。ところが、中は冷たい水。思わずガチガチになった身体で「冷たい！」。

ワンポイント
震えるような仕草。

## ② 勉強

人差し指をあごに数回付ける（人差し指は少しまげて）。

例文
休み時間が終わり、ろう学校の生徒同士が「勉強が始まるよ」と声をかけあう。

ワンポイント
「べんきょう」と口形もつけるとイメージがわく。

## ③ 遊び

両の手のひらを上下で重ねて交互に団子を丸めるように回す。

**例文**
昼休みになりました。
「何して遊ぶ?」

**語源**
子どもたちが遊んで
いる様子を表す。

## ④ ずる賢い

こぶしを胸の前から手首をねじらせながらグ
ルグルと上に上げる。

**説明**
先生が来なくておしゃべりしてた
とき、その中の一人は先生が来た
ことに気付いた。そして自分だけ
そっと席について、先生に褒めら
れた(…ずる賢いヤツ)。

**ワンポイント**
こぶしは相手に対する感情の高ぶ
りを表す。胸の前の位置(平常)
から相手の行動に違和感や抵抗感
を持つと感情がぐーっとこみ上げ
てくる感じ。

## ⑤ もったいない

手のひらの上にもう一方の指先を置き、その指を手前
にはじく仕草。

**例文**
「この距離でタクシーに
乗るの?」「もったいな
い。健康のためにも歩
いていこう」

**ワンポイント**
百人一首の場面で、相
手よりも早く札を「バ
シッ」とはたく仕草に
似ている(他よりも先
に手をつけるという意
味)。

## ⑥ そんなものにお金は出せない

指文字「メ」を表して、その後「返せ！」というように手のひらを返す。

### 例文
「1,000円だったらお買い得！買っちゃおっかな♪」
「えっ？これ10,000円⁉（そんなに高いの⁉）」

### ワンポイント
まだお金は払っていないときに使う。

---

## ⑦ 暖かい

手の甲をあごの辺りから頬の辺りまで、なで上げる。

### 説明
寒い日に外出から帰り、ストーブの前に座ると頬の辺りがポカポカしてくる、そんなときに使う。

---

## ⑧ 給食

左こぶしの上で右手人差し指と中指の背を乗せて、交互に数回たたく。

### 例文
「いいにおいがしてきた！給食まだかな〜」

### ワンポイント
先生に見えないように、机の下で生徒たちが会話している様子。

## 9 うそ

手話表現〔待つ〕のようにあごの下に当てた四指を前に倒して、「相手方に差し出す」ような仕草をする。

**例文**
「え! それ本当なの?
信じられない!」

**ワンポイント**
本当のことなら見込めるが、本当ではないので戻す仕草をする。

## 10 あきれた

手を胸の前辺りから、次第にヒラヒラとさせながら口元辺りまで上げる。

**例文**
さっきまでその人の悪口を言っていたのに、本人が現れるとおべっかを使う人に対して、「あきれた!」

**ワンポイント**
「ほ〜!」という感じ。

鹿児島県

イラスト：野田 泰江

## ① おかしい

人差し指をまげながら芋虫のような動きで、腕を前に出す。

例文
A：「その服、おかし
いよ！」
B：「似合ってないよ
〜！」

## ② な〜んだ

右手5指を額に近づけながらこぶしをつくり、こぶしの指
側を額に当てる。

例文
「な〜んだ！　この
ハンバーグ、豆腐で
作ってあるよ」

## 3 しつこいな～

右手4指で首をゆっくりなでる。

## 4 さつまいも（カライモ）

左手親指と人差し指を広げ、そこを右手親指で2、3回なでる（芋の芽を削るイメージ）。

## 5 なかなか

人差し指を鼻に付けて、中指を親指に付けてから2、3回はじく。

## 6 火曜日

こぶしを握った両腕を回す。

例文
A：「試験は何曜日
　　だった？」
B：「火曜日だよ」

語源
以前、火曜日にプロ
レスの放送があった
ことからきている。

## 7 うれしい

鼻に親指を付けて、人差し指を2、3回はじく。

例文
A：「このお菓子、あ
　　げるよ」
B：「うれし～い！」

## 8 ごめん

親指をあごに付けて、残り4指を2、3回まげる。

例文
A：「このプリント、
　　破っただろ～」
B：「ごめん、ごめん」
（仲の良い友達同士
でよく使う）

九州
…鹿児島県

253

## 9 おじいちゃん

右手親指の爪側に額を当て、鼻の位置まで下ろす。

例文
A：「孫が生まれた
　　らしいね」
B：「俺も、おじい
　　ちゃんだよ」

ワンポイント
小指ですると「おば
あちゃん」を表す。

## 10 おしゃれ

頬に親指を付けて、人差し指を1回はじく。

例文
A：「その服、おしゃ
　　れだね」
B：「昨日、買ったの
　　よ！」

---

### ※CLとは（258ページ以下にしばしば出てきます）

　CLとはClassifier（クラシファイアー）の略。ある共通の基準に従ってクラスに分けること。日本語の場合は助数詞（○本、○枚、○匹等）が該当する。手話表現の場合は、丸いもの、平たいもの等、形状、質感を表す際に用いる。

# 沖縄県

イラスト：たけしまさよ
愛知支部　篠田 里美

## 1 なんだ

親指と4指であごをつまみ、すばやく下に下ろす。

**例文**
①なぁんだ。そういうことか？
②なんだ！　お前の言ったこと、嘘だったのかよー。

**ワンポイント**
口形は「ピ」。

## 2 早い

親指を立てた両手を、すばやく交互に上下させる。

**例文**
「やった！　宿題が早く終わったー！　テレビが見られるぞ！」

九
州

…沖縄県

## ③ 変わっている、めずらしい

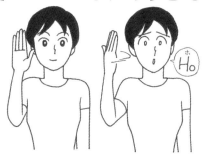

手のひらを顔の横に出し、すばやく返す。

**例文**
①こんなに暑いのに
厚着して！　あの
人変だ。
②この飲み物、東京
にはないなあ。め
ずらしい！

**ワンポイント**
口形は「ホ」。

## ④ なかなか

軽く握ったこぶしを、鼻と口の間の前で何度かはじく。

**例文**
「7時に待ち合わせ
したはずなのに、な
かなか来ないなぁ。
どうしたのかな…」

## ⑤ 念のため

ポケットの位置で指文字「メ」をし、手のひらを続けて当
てる。

**例文**
「雨が降りそうだな。
念のために傘を準備
した方がいいかも」

## 6 いろいろ

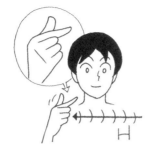

例文
「このお店、いろんな泡盛が置いてあるね」

顔の前で、親指と人差し指をこすり合わせながら移動させる。

## 7 かっこいい

例文
「あ！ あの人かっこいい～！」

指文字「ロ」を、顔の横で2回前に出す。

## 8 せっかちな

例文
「人が話しているのに質問するなんて、まったくせっかちだなぁ～」

ワンポイント
口形は「フ」。

こぶしで胸の真ん中を二回たたく。

九州

…沖縄県

257

## 9 できない

①手話表現〔考える〕、 ②2本指を体の前で交差させる。

**例文**
「突然、意見を言ってと言われても、今ひとつ思いつかないよ」

**ワンポイント**
口形は「ピ」。

---

## 10 ピンク

親指で人差し指と中指を押さえ、斜め下にはじく。

---

## 11 オクラ（沖縄の方言 ねり）

①  ②

①オクラの形を表す。（CL）(注：254ページ解説参考)
②親指と中指を付けたり離したりして、ねばねばの状態を2回表すと同時に、腕を上下に交互に動かす。

**ワンポイント**
ねばねばしている様子。

**料理**
沖縄では、オクラは湯がいて刻んでシーチキンと酢で和えて食べる。

## 12グァバ

①左手でグァバを持って右手で切る。(CL)
②人差し指を唇辺りに持ってきて、親指と中指をくっ付け
　て左側に移動しながら5指を広げる（ピンクの意味）。
③グァバの断面を左手で表し(CL)右手をゆっくり回す。(薄
　いの意味)。
④種つぶつぶの形を両手で表し、わずかに左右に動かしな
　がら下に下ろす。

ワンポイント
④では目を細める。
料理
家庭で鈴なりにでき
ている所は、ジュー
スを作っている。

## 3 ゴーヤー

料理
ゴーヤーチャンプ
ルーは沖縄の定番

頬の位置に5指をまげて、軽くたたきながら下に下ろす。

## 4 ジャガイモ

ワンポイント
皮むき器(ピーラー)
で皮をむく動き。

右手の親指と人差し指をくっ付けて、頬辺りで上下に動か
す。

## 15 タイモ（田芋）（沖縄の方言 ターンム）

①左手で芋を押さえて、右手で切る。（CL）
②左手の甲を右手でかく仕草をする。

**プチ情報**
アクが強いので、人によっては触ると、かゆみがひどくなる人もいる。

**料理**
タイモは、浅い水を張った畑（水田）で栽培されるサトイモ。
ターンムの空揚げターンムを半月または拍子木切りにして素揚げにし、砂糖醤油にからめる。お正月や清明祭の重箱詰め料理とされる。

## 16 冬瓜（沖縄の呼び名「しぶい」）

①両手で冬瓜の形（大きいイメージ）を表し、頬を膨らます。
②少しあごをひいて、左手で押さえて右手で力を入れて2回切る。（CL）

**料理**
しぶいは、豚肉と昆布と一緒に醤油味で汁物をつくる。

## 17 ニンジン

①目の所から人差し指をまげながら1～2回前にだす。
②両手でニンジンの形を表現。（CL）

**ワンポイント**
ニンジンは、目に良いと言われていることから、目をひっかくような表現にする。

## 18 麩（沖縄の呼び方「フー」）

両手の5指を軽くまげ、両手を向き合わせて、縄のように、ねじりながら左右に移動する。

**プチ情報**
沖縄の麩は棒に巻いて焼かれるため1本が30センチメートル以上もある（くるま麩）。

**料理**
フーチャンプルーは麩をちぎって水に浸けて戻したあと水気をよく絞り、溶き卵を吸わせる。それにキャベツ・ニンジン・ニラ・もやし等の野菜と一緒に炒めた料理。

## 19 ほうれん草

① 　②

①右手で指文字「チ」を表し、それを左手肘辺りにおいて下に下ろす（血の意味）。
②左手は、茎をつまむ表現、右手で葉っぱの形を表現。(CL)

**ワンポイント**
「血」は鉄分の意味。

## 20 モウイ

① 　② 　③

①両手で数字の2を表し、左指甲の上に右指を十字に重ね合わせて、左指先に向けて右指をこすり合わせる（茶色の意味）。
②モウイ形を表現する。頬をふくらます。(CL)
③左手にモウイを持ち、右手に皮むき器（ピーラー）を持って2回皮をむく仕草をする。

**ワンポイント**
キュウリの大きい物をイメージ。

**料理**
薄く切って酢で和える。豚肉などと味噌煮にしてもおいしい。

九州
…沖縄県

261

**一般社団法人 全国手話通訳問題研究会**

〒602-0901 京都市上京区室町通今出川下ル　繊維会館3F
　　　　　TEL 075-451-4743
　　　　　FAX 075-451-3281
　　　　　https://www.zentsuken.net

日本の手話いろいろ②—イラストで見る全国各地の手話—
2020年4月30日　第1刷発行

編　者　一般社団法人全国手話通訳問題研究会
企　画　一般社団法人全国手話通訳問題研究会
発行者　黒川美富子
発行所　図書出版　文理閣
　　　　京都市下京区七条河原町西南角 〒600-8146
　　　　電話 (075) 351-7553　FAX (075) 351-7560
　　　　http://www.bunrikaku.com

ISBN978-4-89259-866-1

# 日本の手話いろいろ①

イラストで見る全国各地の手話

全国手話通訳問題研究会【編】
A5判　本体1524円

野菜・魚介類から生活・文化まで、地域ではぐくまれ暮らしに即した味のある手話表現をイラストで紹介します。

本書の中身

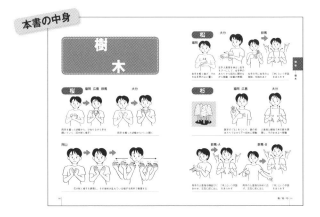

---

## 全通研アカデミー
## ①高齢ろう者の人生／障害者差別解消法

大矢暹・池原毅和著　四六判　1150円

高齢ろう者の語りから何を学ぶか。障害のとらえ方と差別解消法。手話通訳・聴覚障害者理解のために。